WIDMUNG

EINFÜHRUNG

Widmung

Zu den Kriegern des Alltags,

Dieses Buch ist Ihnen gewidmet - den unbesungenen Helden, die sich den unerbittlichen Herausforderungen des Lebens mit Mut und Beharrlichkeit stellen. Denjenigen, die mit persönlichen Stürmen kämpfen, die trotz scheinbar unüberwindbarer Hindernisse ein Comeback anstreben und die unermüdlich an ihrer Resilienz im Angesicht der Widrigkeiten arbeiten.

Ihr Weg, den Sie oft im Stillen gegangen sind und der von unsichtbaren Kämpfen geprägt war, ist ein Zeugnis für den unbezwingbaren menschlichen Geist. Sie lehren uns, dass es bei der Resilienz nicht nur darum geht, Schwierigkeiten zu ertragen, sondern auch darum, Stärke in der Verletzlichkeit zu finden, aus Rückschlägen zu lernen und mit jedem Schritt nach vorne stärker zu werden.

An alle, die sich jemals überwältigt gefühlt haben und sich dennoch entschieden haben, wieder aufzustehen, an diejenigen, die sich ihren Ängsten stellen, ihre Wunden heilen und mit Hoffnung und Entschlossenheit weitermarschieren - Ihre Unverwüstlichkeit ist ein Leuchtfeuer der Inspiration.

Dieses Buch ehrt Ihren Weg und feiert Ihren unerschütterlichen Geist. Mögen Sie in diesen Seiten ein Spiegelbild Ihrer eigenen Stärke und eine Bestätigung dafür finden, dass Ihre Kämpfe, obwohl sie einzigartig sind, Teil einer gemeinsamen menschlichen Erfahrung sind.

Ihre Widerstandsfähigkeit ist nicht nur Ihr Vermächtnis, sie ist ein Leitstern für uns alle.

Einführung

Stellen Sie sich vor, Sie würden als Führungskraft durch die sich ständig verändernde Landschaft der modernen Welt navigieren. Die Fähigkeit, sich inmitten des ständigen Wandels anzupassen und zu gedeihen, ist nicht nur eine Fähigkeit, sondern eine Notwendigkeit in dieser Zeit. Hier wird das Wesen einer belastbaren Führung deutlich. Wie können sich Führungskräfte in einem derart dynamischen Umfeld auszeichnen? Die Antwort liegt tief in Resilienz und Wohlbefinden begründet. Diese Qualitäten haben sich von wünschenswerten Eigenschaften zu unverzichtbaren Werkzeugen für eine wirksame Führung im heutigen, sich rasch entwickelnden Umfeld entwickelt.

In einer Zeit, die von rasantem technologischem Fortschritt und globaler Vernetzung geprägt ist, sind die Widerstandsfähigkeit und das psychische Wohlbefinden von Führungskräften von größter Bedeutung. Führung geht über die traditionelle Ausrichtung auf Ziele und Ergebnisse hinaus. Es geht darum, sich inmitten ständiger Veränderungen und Herausforderungen anzupassen, sich zu erholen und zu wachsen. Als Führungskraft geht es nicht nur um Strategie und Umsetzung, sondern auch darum, eine innere Stärke aufzubauen, die nicht nur Sie selbst, sondern auch die Menschen in Ihrem Umfeld stärkt. Dieses Buch lädt Sie auf eine Reise ein, um zu erkunden, wie Resilienz und Wohlbefinden die Führungsarbeit in unserer komplexen und sich wandelnden Welt grundlegend beeinflussen.

Technologie ist zwar ein mächtiger Wegbereiter, bringt aber auch Komplexität mit sich. Das digitale Zeitalter erfordert Führungskräfte, die nicht nur technisch versiert sind, sondern auch in der Lage sind, in einem Umfeld ständiger digitaler Umwälzungen zu führen. Die Globalisierung wiederum bringt eine Vielzahl kultureller und betrieblicher Herausforderungen mit sich, die von den Führungskräften mehr kulturelles Bewusstsein und Anpassungsfähigkeit verlangen.

Inmitten dieses Wandels hat sich der Druck auf die Führungskräfte, konstant hohe Leistungen zu erbringen, verstärkt. Die Erwartung, immer "on" und verbunden zu sein, kann das psychische Wohlbefinden erheblich beeinträchtigen. Daher ist Resilienz - die Fähigkeit, sich von Rückschlägen zu erholen und einen Zustand mentalen und emotionalen Wohlbefindens aufrechtzuerhalten - zu einer entscheidenden Eigenschaft für Führungskräfte geworden. Es reicht nicht mehr aus, nur strategisch und entscheidungsfreudig zu sein; die heutige Führung erfordert auch eine robuste innere Widerstandsfähigkeit, die hilft, durch Stress, Unsicherheit und ständige Veränderungen zu navigieren.

Diese sich verändernden Herausforderungen machen deutlich, wie wichtig Resilienz und mentales Wohlbefinden für Führungskräfte sind. In einer Welt, die sich ständig verändert, ist die Fähigkeit, Stabilität, Klarheit im Denken und emotionales Gleichgewicht zu bewahren, das, was effektive Führungskräfte auszeichnet. Dieses Buch befasst sich mit diesen Aspekten und bietet Einblicke und Strategien, die Führungskräften helfen, die nötige Resilienz und das mentale Wohlbefinden zu kultivieren, um in der dynamischen Führungslandschaft von heute erfolgreich zu sein.

Der Hauptzweck dieses Buches besteht darin, Führungskräfte zu befähigen, die komplexen Gegebenheiten der modernen Welt mit Resilienz und einem starken Gefühl des geistigen Wohlbefindens zu meistern. Es soll ein umfassender Leitfaden sein, der zeigt, wie man diese wesentlichen Qualitäten inmitten der sich ständig verändernden Herausforderungen der Führung kultivieren kann. Ziel ist es, nicht nur theoretische Konzepte vorzustellen, sondern auch praktische Einsichten, Strategien und Werkzeuge anzubieten, die in der täglichen Führungspraxis angewandt werden können.

Mit diesem Buch sollen mehrere Hauptziele erreicht werden:

- Verbesserung des Verständnisses: Vertiefung des Verständnisses dafür, was Resilienz und psychisches Wohlbefinden im Kontext von Führung bedeuten. Es werden die verschiedenen Dimensionen dieser Qualitäten untersucht und aufgezeigt, dass sie mehr als nur Schlagworte sind, sondern entscheidende Komponenten einer effektiven Führung darstellen.

- Praktische Strategien: Bereitstellung umsetzbarer Strategien und Techniken zur Entwicklung von Resilienz. Dazu gehören persönliche Praktiken wie Achtsamkeit und Stressmanagement sowie organisatorische Ansätze wie die Förderung einer resilienten Kultur und eines unterstützenden Arbeitsumfelds.

- Werkzeuge für mentales Wohlbefinden: Bereitstellung von Werkzeugen und Übungen, die Führungskräfte nutzen können, um ihr geistiges Wohlbefinden zu erhalten und zu verbessern. Dies ist entscheidend in einer Welt, in der die mentalen und emotionalen Anforderungen an Führungskräfte ständig steigen.

- Anwendungen aus der realen Welt: Anhand von realen Beispielen und Fallstudien, die eine resiliente Führung in der Praxis zeigen. Diese Geschichten dienen sowohl als Inspiration als auch als praktische Anleitung für die Anwendung der besprochenen Grundsätze.

- Zukunftsfähige Führung: Wir bereiten Führungskräfte auf die Zukunft vor, indem wir sie mit den Fähigkeiten und Eigenschaften ausstatten, die sie benötigen, um in einer sich schnell verändernden Welt erfolgreich zu sein. Dazu gehören die Anpassung an den technologischen Fortschritt und die Leitung vielfältiger, globaler Teams.

Dieses Buch soll aktuellen und angehenden Führungskräften als wertvolle Ressource dienen und ihnen das Wissen und die Werkzeuge an die Hand geben, mit denen sie ihre Führungsfähigkeiten in einer Welt stärken können, die sowohl Resilienz als auch psychisches Wohlbefinden erfordert. Am Ende dieses Buches sollten sich die Leserinnen und Leser besser gerüstet fühlen, um den Herausforderungen in der Führung mit Zuversicht zu begegnen, gestützt auf ein starkes Fundament von Resilienz und Wohlbefinden.

Im Laufe meiner beruflichen Laufbahn bin ich mit einer Vielzahl von Herausforderungen konfrontiert worden, und jede davon war eine wichtige Lernerfahrung, um das wahre Wesen der Resilienz zu verstehen. Die ständige Präsenz von Veränderungen, oft abrupt und unvorhergesehen, hat mir gezeigt, dass Resilienz nicht nur vorteilhaft, sondern für das Überleben und das Wachstum in jeder Führungsposition unerlässlich ist.

Ich erinnere mich an eine Zeit, in der ich unter extrem schwierigen Bedingungen arbeitete, mit einem Chef, dessen Führungsstil das Gegenteil von dem war, woran ich glaubte. Obwohl diese Erfahrungen schwierig waren, waren sie von unschätzbarem Wert. Sie lehrten mich, dass es bei der Resilienz nicht darum geht, Schwierigkeiten passiv zu ertragen, sondern sich aktiv auf Widrigkeiten einzustellen und sie zu überwinden. Es geht darum, Wege zu finden, um auch unter weniger idealen Umständen zu gedeihen.

Ein weiterer entscheidender Moment war ein Projekt, das aufgrund verschiedener externer Faktoren von Anfang an zum Scheitern verurteilt schien. Die Bewältigung dieses Projekts hat mich an meine Grenzen gebracht, aber es hat auch meinen Glauben an die Kraft einer resilienten Einstellung gefestigt. Es war ein Beweis dafür, dass es bei Resilienz um mehr geht als nur darum, wieder aufzustehen; es geht darum, zu lernen, sich weiterzuentwickeln und gestärkt aus den Herausforderungen hervorzugehen.

Diese persönlichen Erfahrungen haben mein Verständnis von Resilienz in der Führung geprägt. Sie haben mir gezeigt, dass das Umfeld und die äußeren Bedingungen sich zwar unserer Kontrolle entziehen können, nicht aber unsere Reaktion auf sie. Wir können wählen, ob wir Herausforderungen als unüberwindbare Hindernisse oder als Wachstumschancen betrachten. Dieses Buch wurde durch diese und viele weitere Lektionen inspiriert, die ich im Laufe der Jahre gesammelt habe. Es ist eine Zusammenstellung von Erkenntnissen, die Führungskräften dabei helfen sollen, eine widerstandsfähige Denkweise zu entwickeln, eine Denkweise, die inmitten ständiger Veränderungen und Herausforderungen nicht nur Bestand hat, sondern auch gedeiht.

Auf dieser Reise durch "Resilient Leadership: Herausforderungen meistern und Wohlbefinden in der heutigen Zeit erhalten" werden Sie durch eine Reihe von miteinander verbundenen Kapiteln geführt, die jeweils verschiedene Facetten der resilienten Führung beleuchten.

Das Buch beginnt mit der Erkundung von "The Evolving Landscape of Leadership". In diesem Eröffnungskapitel wird dargelegt, wie sich die Führung als Reaktion auf den technologischen Fortschritt, die Globalisierung und den raschen Wandel gewandelt hat, und die wachsende Bedeutung von Resilienz und Wohlbefinden in diesem dynamischen Umfeld unterstrichen.

Im Anschluss daran taucht "Resilienz in der Führung verstehen" tief in das Konzept der Resilienz ein. Es werden seine Komponenten, die Synergie zwischen Biologie und Psychologie und die Unterscheidung zwischen persönlicher und organisatorischer Resilienz analysiert, was die Grundlage für die Entwicklung dieser entscheidenden Qualitäten bildet.

In "Psychisches Wohlbefinden: Eine zentrale Führungskompetenz" liegt der Schwerpunkt auf der Definition des psychischen Wohlbefindens im Kontext der Führung. In diesem Kapitel wird nicht nur der Zusammenhang mit der Teamleistung hervorgehoben, sondern auch das oft übersehene Stigma der psychischen Gesundheit in Führungspositionen thematisiert.

"Resilienz aufbauen: Strategies and Practices" geht in den Bereich der praktischen Anwendung über. Es erörtert individuelle Techniken zum Aufbau von Resilienz neben organisatorischen Strategien, die eine resiliente Kultur kultivieren, angereichert mit

Fallstudien aus dem wirklichen Leben, um diese Konzepte mit Leben zu füllen.

Die Erzählung geht dann über in "Führen mit Empathie und emotionaler Intelligenz", wo die entscheidende Rolle von Empathie und emotionaler Intelligenz für eine widerstandsfähige Führung ausgepackt wird. Dieses Kapitel bietet Einblicke in die Entwicklung dieser Fähigkeiten und das Finden eines Gleichgewichts mit Entscheidungsfindung und Leistung.

Das nächste Kapitel befasst sich mit der Erkennung und Bewältigung von Teamstress und Burnout, einer häufigen Herausforderung für Führungskräfte. Der Schwerpunkt liegt auf der Schaffung eines unterstützenden Umfelds und der Rolle der Führungskraft bei der Förderung des mentalen Wohlbefindens des Teams.

In "Leadership in Times of Crisis" (Führung in Krisenzeiten) wird die entscheidende Rolle von belastbaren Führungskräften in turbulenten Zeiten untersucht. Dieses Kapitel enthält eine Fülle von Strategien für die Führung durch Ungewissheit und Wandel, ergänzt durch Lektionen aus der Praxis der Krisenführung.

Das Kapitel "Technologie, Innovation und Resilienz" untersucht, wie sich Technologie auf Resilienz und Wohlbefinden auswirkt. Es befasst sich mit innovativen Führungsansätzen in unserem digitalen Zeitalter und bereitet Führungskräfte auf die künftigen Auswirkungen von KI und Automatisierung vor.

Das Buch "The Global Perspective on Resilient Leadership" erweitert den Blickwinkel und erörtert, wie Resilienz und Wohlbefinden in verschiedenen Kulturen wahrgenommen und praktiziert werden. Anhand globaler Fallstudien wird auf die Besonderheiten der Führung vielfältiger und entfernter Teams eingegangen.

Zum Abschluss der Reise bietet "The Future of Leadership: Resilienz und Wohlbefinden an vorderster Front" bietet zukunftsweisende Erkenntnisse. Er prognostiziert die

Entwicklung der Führung mit Schwerpunkt auf Resilienz und Wohlbefinden und skizziert die für künftige Führungskräfte erforderlichen Fähigkeiten und Eigenschaften.

Diese strukturierte und doch fließende Erzählung führt Sie durch eine umfassende Erkundung der resilienten Führung. Jedes Kapitel baut nahtlos auf dem letzten auf und bietet eine Mischung aus Theorie, Praxis und persönlichen Einsichten, die Sie mit dem Wissen und den Werkzeugen ausstatten, um sich in der komplexen Welt von heute als resiliente Führungskraft auszuzeichnen.

Die Bedeutung von Resilienz und psychischem Wohlbefinden für moderne Führungskräfte kann gar nicht hoch genug eingeschätzt werden. Es handelt sich dabei nicht nur um wünschenswerte Eigenschaften, sondern um entscheidende Kompetenzen, die für eine effektive Führung in der heutigen schnelllebigen und oft unberechenbaren Welt unerlässlich sind. Die Bedeutung dieser Eigenschaften geht weit über die einzelne Führungskraft hinaus und hat tiefgreifende Auswirkungen auf ihre Teams und das gesamte Unternehmen.

Resilienz verleiht Führungskräften die Fähigkeit, den unzähligen Herausforderungen und dem Druck, der mit modernen Führungsaufgaben verbunden ist, standzuhalten und sich anzupassen. In einem Umfeld, in dem ständiger Wandel und Ungewissheit eine Selbstverständlichkeit sind, stellt eine resiliente Führungskraft eine Säule der Stärke und Stabilität dar. Sie sind in der Lage, schwierige Situationen zu meistern, aus Rückschlägen zu lernen und nicht nur unbeschadet, sondern auch gestärkt aus diesen Erfahrungen hervorzugehen. Diese Fähigkeit, sich von Widrigkeiten zu erholen und zu gedeihen, ist nicht nur für den Erfolg der Führungskraft entscheidend, sondern auch dafür, dass sie in ihrem Team Vertrauen und Widerstandsfähigkeit weckt.

Das psychische Wohlbefinden hingegen ist ebenso wichtig. Es umfasst das emotionale, psychologische und soziale Wohlbefinden einer Führungskraft. Führungskräfte, die ihrer geistigen Gesundheit einen hohen Stellenwert einräumen, zeichnen sich eher durch klares Denken, emotionale Intelligenz und fundierte Entscheidungen aus. Sie sind besser in der Lage, Stress zu bewältigen, positive Beziehungen zu pflegen und ein gesundes Arbeitsumfeld zu schaffen. Diese Konzentration auf das psychische Wohlbefinden wirkt ansteckend und schafft eine Kultur der Fürsorge und Unterstützung innerhalb des Unternehmens. Wenn Führungskräfte die Bedeutung der psychischen Gesundheit vorleben, ermutigt dies die Teammitglieder, ihrem Wohlbefinden ebenfalls Priorität einzuräumen, was zu einer besseren Gesamtleistung, weniger Burnout und einer höheren Arbeitszufriedenheit führt.

Resiliente Führungskräfte mit einem ausgeprägten Sinn für mentales Wohlbefinden sind oft einfühlsamer, verständnisvoller und effektiver in der Führung vielfältiger Teams. Sie sind geschickt im Umgang mit den komplexen menschlichen Dynamiken und fördern eine integrative und unterstützende Arbeitsplatzkultur, die jeden Einzelnen schätzt und fördert. Dieser Ansatz fördert nicht nur den Zusammenhalt und die Produktivität des Teams, sondern trägt auch zu einem positiven Ruf des Unternehmens bei, das so Spitzenkräfte anzieht und bindet.

Die Kultivierung von Resilienz und psychischem Wohlbefinden in der Führung ist kein Luxus, sondern eine Notwendigkeit im modernen Zeitalter. Diese Qualitäten sind unverzichtbar für Führungskräfte, die nicht nur persönlich erfolgreich sein wollen, sondern auch ein gedeihliches, belastbares und gesundes Unternehmensumfeld fördern wollen. Dieses Buch befasst sich eingehend mit diesen Themen und bietet Einblicke und Strategien, die Führungskräften dabei helfen, diese kritischen Kompetenzen zu verstehen und zu verbessern - zum Wohle ihrer selbst, ihrer Teams und ihrer Organisationen als Ganzes.

Dieses Buch richtet sich an ein breites Spektrum von Lesern, von denen jeder eine entscheidende Rolle bei der Gestaltung der modernen Führungslandschaft spielt. In erster Linie richtet es sich an aktuelle Führungskräfte, die in der heutigen schnelllebigen und sich ständig verändernden Umgebung die Komplexität ihrer Aufgaben bewältigen müssen. Unabhängig von ihrer Branche oder ihrem Sektor finden diese Führungskräfte wertvolle Einblicke und Strategien, um ihre Widerstandsfähigkeit und ihr mentales Wohlbefinden zu verbessern, damit sie effektiver und mitfühlender führen können.

Auch für angehende Führungskräfte ist dieses Buch von großem Nutzen. Es dient als Leitfaden für das Verständnis der entscheidenden Kompetenzen, die für künftige Führungsaufgaben erforderlich sind. Für diejenigen, die sich auf dem Weg zu einer Führungsposition befinden, bietet das Buch einen Rahmen für die Entwicklung der Belastbarkeit und des mentalen Wohlbefindens, die für den Erfolg in diesen Rollen erforderlich sind. Eine weitere wichtige Zielgruppe sind Fachleute für Organisationsentwicklung, darunter Personalleiter, Coaches und Berater. Dieses Buch bietet ihnen ein tieferes Verständnis dafür, wie Resilienz und psychisches Wohlbefinden in einer Organisation gefördert und integriert werden können. Es bietet Werkzeuge und Strategien, die diese Fachleute nutzen können, um die Entwicklung von Führungskräften in ihren Organisationen zu unterstützen.

Dieses Buch ist eine wertvolle Ressource für Studierende der Betriebswirtschaft und des Managements. Es bietet eine zeitgemäße Perspektive auf Führung und betont die Bedeutung von Resilienz und psychischem Wohlbefinden, die in der traditionellen Führungsausbildung oft unterrepräsentiert sind.

Jeder Leser, unabhängig von seiner aktuellen Rolle oder seinen Zukunftsplänen, wird aus diesem Buch ein differenziertes Verständnis dafür gewinnen, wie wichtig Resilienz und psychisches Wohlbefinden für eine effektive Führung sind. Aktuellen Führungskräften bietet es praktische Strategien, um ihre eigene Resilienz und ihr Wohlbefinden zu verbessern und dies auch in ihren Teams zu fördern. Angehende Führungskräfte werden lernen, was es braucht, um in der modernen Welt zu führen, während Fachleute für Organisationsentwicklung Ressourcen finden, um das Wachstum von Führungskräften in ihren Organisationen zu unterstützen. Insgesamt ist dieses Buch ein umfassender Leitfaden für alle, die sich für die wichtige Rolle interessieren, die Resilienz und psychisches Wohlbefinden für eine erfolgreiche Führung heutzutage spielen.

Wenn Sie sich in die Seiten dieses Buches vertiefen, möchte ich Sie ermutigen, es nicht nur als Informationsquelle zu betrachten, sondern als Partner auf Ihrem Weg als Führungskraft. Dieses Buch soll ein dynamisches Werkzeug sein, das mit Ihren eigenen Erfahrungen, Herausforderungen und Bestrebungen interagiert. Ich lade Sie ein, an jedes Kapitel nicht nur mit einem offenen Geist heranzugehen, sondern auch mit der Bereitschaft, sich selbst zu prüfen und das Gelernte auf Ihre einzigartige Situation anzuwenden.

Betrachten Sie dieses Buch als einen Spiegel Ihres Führungsstils und als eine Landkarte, die Ihnen den Weg zu mehr Belastbarkeit und psychischem Wohlbefinden weist. Halten Sie beim Lesen inne und überlegen Sie, wie die vorgestellten Konzepte und Strategien mit Ihren eigenen Erfahrungen übereinstimmen. Seien Sie bereit, Ihre bestehenden Überzeugungen und Praktiken zu hinterfragen, und seien Sie offen für das transformative Potenzial, das eine solche Reflexion mit sich bringen kann.

Nutzen Sie dieses Buch als Ausgangspunkt für Gespräche mit Ihren Kollegen, Mentoren oder Teammitgliedern. Die Diskussion und der Austausch von Erkenntnissen kann nicht nur Ihr Verständnis vertiefen, sondern auch eine kollektive Reise zu einer resilienteren Führung in Ihrem Einflussbereich schaffen.

Betrachten Sie dieses Buch als eine Ressource, auf die Sie immer wieder zurückgreifen können. Der Weg einer Führungskraft ist ein ständiger, und die Notwendigkeit von Resilienz und psychischem Wohlbefinden entwickelt sich mit dem Fortschreiten Ihrer Karriere. Was für Sie in einer bestimmten Phase von Bedeutung ist, kann in einer anderen eine andere Bedeutung haben.

Ihre Beschäftigung mit diesem Buch sollte ein aktiver und kontinuierlicher Prozess sein. Ich hoffe, dass die folgenden Kapitel Sie nicht nur informieren, sondern auch inspirieren und befähigen werden, Ihre Führungsarbeit zu verbessern und nicht nur Ihr Berufsleben, sondern auch das Leben derer, die Sie führen, zu bereichern.

Wir stehen an der Schwelle zur Erkundung der Tiefen resilienter Führung und sollten uns der transformativen Kraft bewusst sein, die Resilienz und psychisches Wohlbefinden haben. Es handelt sich dabei nicht nur um Konzepte, die wir verstehen müssen, sondern um mächtige Werkzeuge, die wir in der Kunst der Führung einsetzen können. Sie haben das Potenzial, die Art und Weise, wie wir führen, arbeiten und leben, zu revolutionieren und Herausforderungen in Chancen für Wachstum und Lernen zu verwandeln.

Auf der Reise durch dieses Buch sind Sie eingeladen, sich diese Werkzeuge zu eigen zu machen und sie als wesentliche Verbündete auf Ihrer Führungsreise zu betrachten. Denken Sie beim Durchblättern jeder Seite daran, dass der Weg zu einer belastbaren Führungskraft ebenso lohnend wie herausfordernd ist. Es ist eine Reise des ständigen Lernens, der Selbstentdeckung und vor allem der Veränderung.

Lassen Sie sich auf Ihrem Weg durch die Kapitel von Optimismus und Empowerment begleiten. Die Erkenntnisse und Strategien, die hier vermittelt werden, sind mehr als nur Lektionen; sie sind Sprungbretter auf dem Weg zu einem widerstandsfähigeren, erfüllenderen und wirkungsvolleren Führungsstil. Dies ist nicht nur eine Reise zur beruflichen Weiterentwicklung, sondern auch eine Reise zum persönlichen Wohlbefinden und zur Schaffung von belastbareren Teams und Organisationen.

Die Welt der Führung entwickelt sich weiter, und das müssen auch wir. Lassen Sie uns mit Resilienz und Wohlbefinden als Wegweiser mit Zuversicht in diese sich entwickelnde Landschaft gehen, bereit, die vor uns liegenden Herausforderungen anzunehmen und mit Stärke, Mitgefühl und Weisheit zu führen. Willkommen auf einer Reise, die verspricht, das Wesen der Führung im modernen Zeitalter neu zu definieren.

Kapitel 1: Die sich entwickelnde Landschaft der Führung

In diesem Eröffnungskapitel begeben wir uns auf eine Reise durch die Entwicklung der Führung und zeichnen ihren Wandel im Laufe der Zeit nach. Führung, ein zeitloses Konzept, hat sich kontinuierlich an die sich verändernden Konturen unserer Welt angepasst. In diesem Kapitel soll diese dynamische Entwicklung untersucht werden, wobei der Schwerpunkt auf den entscheidenden Veränderungen liegt, die durch die globalen und technologischen Veränderungen der letzten Jahrzehnte hervorgerufen wurden.

Die Führungslandschaft, die einst von traditionellen Modellen und Theorien dominiert wurde, hat sich stark gewandelt. Diese Veränderungen sind nicht nur oberflächlich; sie spiegeln tiefgreifende Veränderungen in unserer Gesellschaft, Wirtschaft und Technologie wider. Mit dem Eintritt in eine zunehmend digitalisierte und global vernetzte Welt hat sich die Rolle der Führungskraft neu definiert. Dieses Kapitel soll diese Veränderungen in einen Kontext stellen und Einblicke geben, wie Führungskräfte von heute in diesem neuen Umfeld navigieren und sich auszeichnen können.

Wir werden uns mit den historischen Perspektiven der Führung befassen und die Grundlagen verstehen, auf denen die heutige Praxis aufbaut. Von dort aus werden wir untersuchen, wie das Aufkommen des digitalen Zeitalters und die Kräfte der Globalisierung die Art und Weise, wie Führungskräfte arbeiten, kommunizieren und Entscheidungen treffen, verändert haben. Dabei werden wir nicht nur die entstandenen Herausforderungen beleuchten, sondern auch die Chancen aufdecken, die diese Veränderungen mit sich gebracht haben.

Im Laufe dieses Kapitels wollen wir die Voraussetzungen für ein tieferes Verständnis dessen schaffen, was es bedeutet, in der heutigen schnelllebigen, vernetzten Welt eine Führungskraft zu sein. Dieses Verständnis ist entscheidend für jede Führungskraft, die in einer von ständigem Wandel und Komplexität geprägten Zeit Resilienz aufbauen und Wohlbefinden bewahren will.

Der vielfältige Weg der Führung wurde im Laufe der Zeit von zahlreichen Modellen und Theorien geprägt. In den Anfängen konzentrierten sich die traditionellen Führungsmodelle weitgehend auf angeborene Eigenschaften und Merkmale. Die Great Man Theory, eine der ersten Theorien, ging davon aus, dass Führungspersönlichkeiten geboren und nicht gemacht werden und dass bestimmte Personen aufgrund ihrer außergewöhnlichen Qualitäten zur Führung bestimmt sind. In der Folge entwickelte sich die Eigenschaftstheorie, die sich auf bestimmte Eigenschaften wie Intelligenz, Durchsetzungsvermögen und Charisma konzentrierte, von denen man annahm, dass sie effektive Führungskräfte kennzeichnen.

Im Laufe des 20. Jahrhunderts begannen sich die Führungstheorien weiterzuentwickeln. Die Verhaltenstheorien verlagerten den Schwerpunkt von angeborenen Eigenschaften auf erlernte Verhaltensweisen und vertraten die Auffassung, dass effektive Führung das Ergebnis bestimmter Verhaltensweisen ist, die gelehrt und gelernt werden können. In dieser Zeit entstanden Führungsstile wie autokratische, demokratische und Laissez-faire-Führung, die jeweils eine Reihe von vorgeschriebenen Verhaltensweisen mit sich brachten.

Mitte des 20. Jahrhunderts kam es mit dem Aufkommen der Kontingenztheorien zu einem weiteren Wandel. Diese Theorien gingen davon aus, dass es keinen einheitlichen Ansatz für die Führung gibt. Stattdessen hing die Wirksamkeit eines Führungsstils vom Kontext und dem Umfeld ab, in dem er angewendet wurde. Dies bedeutete eine deutliche Abkehr von der Vorstellung der universellen Anwendbarkeit bestimmter Führungseigenschaften oder Verhaltensweisen.

Im Laufe dieser Epochen entwickelten sich auch die wichtigsten Eigenschaften und Ansätze von Führungskräften. Die frühe Betonung von Befehl und Kontrolle, die oft mit militärischer Führung in Verbindung gebracht wird, wich allmählich einem partizipativen und integrativen Stil. Die industrielle Revolution und die Entstehung von Unternehmensstrukturen im 20. Jahrhundert beeinflussten die Führungsansätze und legten den Schwerpunkt auf Hierarchie, Effizienz und Standardisierung.

Als wir uns jedoch dem Ende des 20. Jahrhunderts näherten und in das 21. eintraten, begann sich die Landschaft der Führung deutlich zu verändern. Die zunehmende Globalisierung und das digitale Zeitalter brachten neue Herausforderungen und Komplexitäten mit sich, die zur Entstehung von adaptiveren, kollaborativeren und emotional intelligenteren Formen der Führung führten. Konzepte wie transformationale Führung, dienende Führung und emotionale Intelligenz gewannen an Bedeutung und spiegelten ein tieferes Verständnis für die menschlichen Aspekte der Führung wider.

Diese historischen Perspektiven auf die Führung haben eine reichhaltige und vielfältige Grundlage für moderne Führungskonzepte geschaffen. Sie haben uns eine Fülle von Erkenntnissen darüber vermittelt, wie die Wirksamkeit von Führung verstanden und entwickelt werden kann. Dieser historische Hintergrund bildet die Grundlage für die Untersuchung der Frage, wie die Führungskräfte von heute die Komplexität einer Welt bewältigen können, die sich von der Vergangenheit stark unterscheidet, aber immer noch von diesen grundlegenden Theorien und Praktiken beeinflusst wird.

Der Aufstieg des digitalen Zeitalters war nichts weniger als eine Revolution, die die Landschaft der Führung grundlegend verändert hat. Diese Ära, die durch rasante technologische Fortschritte und die Verbreitung des Internets gekennzeichnet ist, hat die Art und Weise, wie Führungskräfte in ihrer Rolle funktionieren, neu definiert. Der Übergang von traditionellen industriellen Praktiken zu einer technologiegesteuerten Wirtschaft hat alles verändert, von den Kommunikationsmethoden bis hin zu den Entscheidungsprozessen in Organisationen.

In der Kommunikation hat die digitale Technologie einen Wandel eingeleitet. Wo früher formelle und hierarchische Kommunikationsmethoden die Norm waren, erleben wir heute einen flüssigeren und sofortigen Austausch von Ideen. Die Möglichkeit, sich in Echtzeit über geografische Grenzen hinweg zu vernetzen, hat neue Wege für Zusammenarbeit und Innovation eröffnet. Dieser Segen der unmittelbaren Konnektivität bringt jedoch auch Herausforderungen mit sich, wie z. B. die Informationsüberlastung und eine mögliche Erosion der persönlichen Beziehungen im digitalen Medium. Führungskräfte müssen sich in diesem Zeitalter vorsichtig bewegen und ein Gleichgewicht zwischen der Effizienz der digitalen Kommunikation und dem Bedürfnis nach echter menschlicher Interaktion finden.

Auch die Entscheidungsfindung hat sich durch das digitale Zeitalter erheblich verändert. Das Aufkommen von Big Data und fortschrittlicher Analytik hat den Führungskräften eine noch nie dagewesene Menge an Informationen zur Verfügung gestellt. Von den Führungskräften wird nun erwartet, dass sie datengestützte Entscheidungen treffen und sich dabei auf Erkenntnisse stützen, die sie aus umfangreichen und komplexen Datensätzen gewinnen. Diese Abhängigkeit von Daten erfordert jedoch auch ein scharfes Auge, denn Führungskräfte müssen das Rauschen durchforsten, um aussagekräftige Informationen zu finden. Die Herausforderung besteht darin, diese Daten mit Intuition und Erfahrung zu kombinieren, um sicherzustellen, dass Entscheidungen nicht nur auf Zahlen, sondern auch auf menschlichen Erkenntnissen beruhen.

Auch die Organisationsstrukturen haben sich im Zuge des digitalen Fortschritts weiterentwickelt. Die starren Hierarchien der Vergangenheit weichen immer mehr agilen, vernetzten und teambasierten Modellen. Digitale Tools erleichtern die Zusammenarbeit über Teams und Grenzen hinweg und ermöglichen dynamischere und flexiblere Arbeitsumgebungen.

Dieser Wandel stellt die Führungskräfte vor die Herausforderung, sich an eine fließendere Organisationslandschaft anzupassen, in der Eigenverantwortung und Teamautonomie von entscheidender Bedeutung sind, aber auch die Beibehaltung einer kohärenten Richtung von wesentlicher Bedeutung ist.

In dieser sich rasch entwickelnden digitalen Welt sind Führungskräfte gezwungen, sich ständig anzupassen und weiterzuentwickeln. Technisch versiert zu sein, ist nicht länger eine optionale Fähigkeit, sondern eine grundlegende Voraussetzung. Führungskräfte müssen nicht nur digitale Tools verstehen und nutzen, sondern auch ihre Organisationen durch die Komplexität und die Chancen dieser Technologien führen. Dies erfordert ein Engagement für lebenslanges Lernen und die Bereitschaft, den Führungsstil kontinuierlich an die Anforderungen einer sich ständig verändernden digitalen Landschaft anzupassen.

Wenn wir uns eingehender mit den Auswirkungen des digitalen Zeitalters auf die Führung befassen, wird deutlich, dass die Rolle einer Führungskraft dynamischer und vielschichtiger ist als je zuvor. Das digitale Zeitalter verlangt nach Führungskräften, die nicht nur Menschen und Ressourcen verwalten, sondern auch Visionäre sind, die sich die Macht der Technologie zunutze machen können, um ihre Organisationen in die Zukunft zu führen. Dieses Kapitel untersucht diese Facetten und bietet Einblicke in die Art und Weise, wie Führungskräfte inmitten der Herausforderungen und Chancen des digitalen Zeitalters effektiv navigieren und gedeihen können.

So bedeutsam die digitale Revolution für die Veränderung der Führung war, so sehr hat die Globalisierung eine entscheidende Rolle gespielt. Der Prozess der Globalisierung, der durch die zunehmende Verflechtung von Wirtschaft, Gesellschaft und Kultur gekennzeichnet ist, hat die Art und Weise, wie Führung praktiziert und verstanden wird, grundlegend verändert.

Die globale Bühne, auf der moderne Führungskräfte agieren, bietet eine Vielzahl von Herausforderungen und Chancen. Eine der größten Herausforderungen ist der Umgang mit kultureller Vielfalt. Da Unternehmen ihre Reichweite über Grenzen hinweg ausdehnen, müssen sich Führungskräfte zunehmend in einem komplexen Geflecht aus kulturellen Normen und Erwartungen zurechtfinden. Diese Vielfalt ist zwar bereichernd, erfordert aber auch ein differenziertes Verständnis und Sensibilität für unterschiedliche kulturelle Kontexte. Effektive globale Führungskräfte müssen die Fähigkeit besitzen, diese kulturellen Unterschiede nicht nur zu respektieren, sondern auch zu nutzen, um Zusammenarbeit und Innovation zu fördern.

Ein weiterer wichtiger Aspekt der Führung in einer global vernetzten Welt ist das Management von Remote-Teams. Die durch die digitalen Technologien beschleunigte Zunahme der Fernarbeit hat die Dynamik des Teammanagements verändert. Führungskräfte müssen nun dafür sorgen, dass geografisch verteilte Teams engagiert, motiviert und auf die Ziele des Unternehmens ausgerichtet sind. Dies erfordert eine Reihe einzigartiger Fähigkeiten, wie z. B. effektive virtuelle Kommunikation, Vertrauensbildung und die Fähigkeit, ein Gefühl des Zusammenhalts im Team auch ohne physische Präsenz zu fördern.

Internationale Kooperationen stellen für Führungskräfte sowohl Herausforderungen als auch Chancen dar. Grenzüberschreitende Zusammenarbeit bedeutet, sich mit unterschiedlichen Zeitzonen, Sprachbarrieren und unterschiedlichen Geschäftspraktiken auseinanderzusetzen. Sie bietet jedoch auch Chancen für den Zugang zu neuen Märkten, die Nutzung eines vielfältigen Talentpools und die Förderung von Innovationen durch unterschiedliche Perspektiven.

Die Fähigkeiten und Kompetenzen, die für eine effektive globale Führung erforderlich sind, haben viele Facetten. Kulturelle Intelligenz, d. h. die Fähigkeit, unterschiedliche kulturelle Kontexte zu verstehen und sich an sie anzupassen, ist von entscheidender Bedeutung. Dies geht über das bloße Bewusstsein für kulturelle Unterschiede hinaus; es beinhaltet einen einfühlsamen und anpassungsfähigen Führungsansatz, der unterschiedliche Standpunkte respektiert und integriert. Kommunikationsfähigkeiten, insbesondere in einem kulturübergreifenden und virtuellen Kontext, sind wichtiger denn je. Führungspersönlichkeiten müssen in der Lage sein, ihre Botschaft über verschiedene Medien und an ein vielfältiges Publikum klar und wirksam zu vermitteln.

Eine globale Führungspersönlichkeit muss über eine strategische Vision verfügen, die eine globale Perspektive einbezieht. Sie müssen die globalen wirtschaftlichen und politischen Trends verstehen und wissen, wie sich diese auf ihre Organisation auswirken. Dazu gehört, dass sie sich der globalen Risiken und Chancen bewusst sind und dieses Bewusstsein in ihre strategische Planung einbeziehen.

Die Globalisierung hat das Wesen der Führung verändert. Sie erfordert einen anpassungsfähigeren, kulturbewussteren und kommunikativeren Ansatz. Führungskräfte, die sich in dieser globalen Landschaft zurechtfinden, müssen diese Fähigkeiten ständig weiterentwickeln und verfeinern, um die Komplexität und die Chancen zu nutzen, die mit der Führung in einer global vernetzten Welt einhergehen. Dieser Abschnitt des Kapitels befasst sich mit diesen Aspekten und gibt Einblicke in die Art und Weise, wie Führungskräfte die Herausforderungen der Globalisierung effektiv meistern und die damit verbundenen Chancen nutzen können.

Die Konvergenz von digitalem Zeitalter und Globalisierung hat ein Spektrum neuer Herausforderungen und Chancen für Führungskräfte hervorgebracht. Diese Veränderungen haben den Arbeitsplatz neu definiert und erfordern einen neuen Ansatz für die Führung.

Eine der größten Herausforderungen in dieser neuen Ära ist das Management virtueller Teams. Die Zunahme der Fernarbeit hat geografische Barrieren abgebaut und ermöglicht es Teams, an verschiedenen Standorten zu arbeiten. Diese Verstreuung führt jedoch zu einer komplexen Teamdynamik. Führungskräfte müssen sich nun mit den Nuancen auseinandersetzen, die es braucht, um das Engagement von Mitarbeitern an entfernten Standorten aufrechtzuerhalten, die Einheit des Teams zu fördern und eine effektive Kommunikation zu gewährleisten - und das alles ohne den traditionellen persönlichen Kontakt. Hinzu kommt die Herausforderung, unterschiedliche Zeitzonen zu verwalten und einen kohärenten Arbeitsablauf an verschiedenen Standorten zu gewährleisten.

Eine weitere große Herausforderung ist die Bewältigung der digitalen Disruption. Der rasche technologische Wandel bedeutet, dass Unternehmen sich ständig anpassen müssen, um relevant zu bleiben. Führungskräfte müssen nicht nur mit den technologischen Fortschritten Schritt halten, sondern auch diese Veränderungen antizipieren und strategisch darauf reagieren. Dieser ständige Wandel kann eine große Herausforderung darstellen und erfordert von den Führungskräften Flexibilität, Innovation und Vorausdenken.

Die Vereinbarkeit von Beruf und Privatleben in einer rund um die Uhr vernetzten Welt ist ebenfalls ein wachsendes Problem. Die ständige digitale Vernetzung kann zu Burnout und Stress führen, sowohl bei Führungskräften als auch bei ihren Teams. Wege zu finden, um die Anforderungen einer ständig vernetzten Arbeitsumgebung mit dem persönlichen Wohlbefinden in Einklang zu bringen, ist zu einer entscheidenden Fähigkeit für moderne Führungskräfte geworden.

Trotz dieser Herausforderungen bieten das digitale Zeitalter und die Globalisierung auch zahlreiche Chancen. Der Zugang zu einem globalen Talentpool ist ein solcher Vorteil. Unternehmen sind bei der Einstellung von Mitarbeitern nicht mehr an geografische Grenzen gebunden, so dass sie die besten Talente aus der ganzen Welt auswählen können. Diese Vielfalt kann neue Perspektiven und Fähigkeiten einbringen und so Innovation und Wachstum fördern.

Innovative Arbeitsmethoden sind eine weitere Chance. Digitale Werkzeuge und Plattformen haben flexiblere und effizientere Arbeitsmethoden ermöglicht, wie z. B. virtuelle Zusammenarbeit, digitales Projektmanagement und cloudbasierte Dienste. Diese Innovationen können zu einer höheren Produktivität und der Fähigkeit führen, sich schnell an Marktveränderungen anzupassen.

Die heutige Landschaft bietet das Potenzial für eine größere organisatorische Flexibilität. Die Fähigkeit, schnell auf globale Trends, Kundenbedürfnisse und technologische Fortschritte zu reagieren, ist ein wertvolles Gut im dynamischen Geschäftsumfeld von heute. Führungskräfte, die eine agile Unternehmenskultur fördern können, sind besser in der Lage, neue Chancen zu nutzen und Herausforderungen effektiv zu bewältigen.

Das digitale Zeitalter und die Globalisierung stellen zwar neue Herausforderungen dar, eröffnen aber auch eine Welt voller Möglichkeiten. Führungskräfte, die diese Komplexität geschickt zu meistern wissen, können diese Herausforderungen in Chancen verwandeln und ihre Organisationen zu Innovation, Wachstum und Nachhaltigkeit führen. Dieser Teil des Kapitels befasst sich mit diesen beiden Aspekten und bietet Einblicke, wie sich Führungskräfte in dieser neuen und sich ständig weiterentwickelnden Landschaft anpassen und erfolgreich sein können.
Um die theoretische Diskussion in einen praktischen Bereich zu bringen, enthält dieses Kapitel mehrere Fallstudien und Beispiele aus der Praxis, die zeigen, wie Führungskräfte erfolgreich durch die sich verändernde Landschaft navigiert haben, die durch das digitale Zeitalter und die Globalisierung geprägt ist.

Eine überzeugende Fallstudie ist die von IBM, einem multinationalen Technologieunternehmen, das für seinen bahnbrechenden Ansatz beim Management globaler virtueller Teams bekannt ist. IBM sah sich mit der Herausforderung konfrontiert, Projekte über Kontinente, Zeitzonen und unterschiedliche kulturelle Hintergründe hinweg zu koordinieren, und machte sich auf den Weg, seinen Ansatz für globale Teamarbeit und Führung neu zu definieren.

Im Mittelpunkt der IBM-Herausforderung stand die Notwendigkeit, Teams aus Nordamerika, Europa, Asien und anderen Regionen nahtlos zu integrieren, wobei jede Region ihre eigene Arbeitskultur und ihren eigenen Kommunikationsstil hat. Die IBM-Führung war sich der Komplexität dieser Aufgabe bewusst und konzentrierte sich auf die Schaffung einer robusten digitalen Kommunikationsinfrastruktur. Diese Infrastruktur umfasste fortschrittliche Tools für die Zusammenarbeit wie Videokonferenzen, gemeinsam genutzte digitale Arbeitsbereiche und Echtzeit-Projektmanagement-Software. Diese Tools ermöglichten es den Teammitgliedern, trotz geografischer Entfernungen effektiv zusammenzuarbeiten.

Die Technologie war nur ein Teil der Lösung. Die IBM-Führung war sich darüber im Klaren, dass sie, um wirklich erfolgreich zu sein, eine Kultur der Flexibilität und Inklusivität fördern musste. Sie initiierten Schulungsprogramme, die sich auf kulturübergreifende Kommunikation und Teambildung konzentrierten und den Mitarbeitern halfen, die unterschiedlichen Perspektiven innerhalb ihrer globalen Teams zu verstehen und zu schätzen. Die IBM-Führungskräfte wurden ermutigt, in ihrem Führungsstil flexibler zu sein und auf unterschiedliche Arbeitszeiten und kulturelle Empfindlichkeiten Rücksicht zu nehmen.

Dieser strategische Ansatz hat sich ausgezahlt. IBM verbesserte nicht nur seine betriebliche Effizienz, indem Projekte schneller und mit besserer Zusammenarbeit abgeschlossen wurden, sondern beobachtete auch eine bemerkenswerte Verbesserung der Team-Moral und Kreativität. Die globalen Teams waren in der Lage, unterschiedliche Perspektiven einzubringen, was zu innovativeren Lösungen und einem tieferen Verständnis der globalen Märkte führte.

Der Erfolg von IBM bei dieser Umstellung zeigt mehrere wichtige Lektionen für moderne Führungskräfte. Erstens kann die Bedeutung einer robusten digitalen Infrastruktur in einer Zeit, in der virtuelle Zusammenarbeit die Norm ist, nicht unterschätzt werden. Zweitens, und das ist vielleicht noch entscheidender, unterstreicht dieser Fall die Notwendigkeit von Anpassungsfähigkeit und kulturellem Feingefühl. Führungskräfte müssen in der Lage sein, die Komplexität der Führung verteilter Teams zu bewältigen und dabei die unterschiedlichen Hintergründe und Perspektiven der einzelnen Mitglieder zu respektieren und zu nutzen.

Der Weg, den IBM bei der Verwaltung globaler virtueller Teams zurückgelegt hat, ist ein gutes Beispiel für andere Unternehmen, die vor ähnlichen Herausforderungen stehen. Es zeigt, dass globale Teams mit der richtigen Mischung aus Technologie, kulturellem Verständnis und flexibler Führung nicht nur effektiv arbeiten, sondern auch gedeihen und Innovationen vorantreiben können.

Eine bemerkenswerte reale Fallstudie in diesem Zusammenhang ist Walmart, ein globaler Einzelhandelsriese, der mit einer erheblichen digitalen Disruption auf seinem Markt konfrontiert war. Als der elektronische Handel begann, die Einzelhandelslandschaft umzugestalten, erkannte Walmart die Notwendigkeit, sich schnell an diese Veränderungen anzupassen, um seine Marktposition zu halten.

Die Führung von Walmart hat mit bemerkenswerter Agilität auf den Aufstieg des elektronischen Handels reagiert. Das Unternehmen erkannte die Verschiebung der Verbraucherpräferenzen hin zum Online-Einkauf und investierte erheblich in die Entwicklung seiner Online-Präsenz. Dazu gehörten die Überarbeitung der Website, die Optimierung für mobile Nutzer und die Integration fortschrittlicher E-Commerce-Funktionen.

Ein wichtiger Aspekt der Walmart-Strategie war die Investition in digitales Marketing. Das Unternehmen nutzte verschiedene digitale Kanäle, darunter soziale Medien, E-Mail-Marketing und Online-Werbung, um ein breiteres Publikum zu erreichen und effektiver mit den Kunden in Kontakt zu treten. Auf diese Weise konnte Walmart einen jüngeren, technisch versierteren

Kundenstamm ansprechen und seine traditionelle Reichweite erweitern.

Eine der vielleicht bedeutendsten Veränderungen im Ansatz von Walmart war der Einsatz von Datenanalysen. Durch die Nutzung von Big Data gewann Walmart tiefere Einblicke in das Verhalten und die Vorlieben seiner Kunden. Diese Informationen waren entscheidend für die Anpassung des Einkaufserlebnisses an die individuellen Bedürfnisse und Vorlieben, von personalisierten Produktempfehlungen bis hin zu gezielten Marketingkampagnen. Das Unternehmen nutzte diese Erkenntnisse auch, um seine Lieferkette und sein Bestandsmanagement zu optimieren und sicherzustellen, dass beliebte Produkte immer vorrätig und für Online-Käufer sofort verfügbar sind.

Dank der proaktiven Herangehensweise von Walmart an die digitale Transformation konnte das Unternehmen in einem sich schnell verändernden Einzelhandelsumfeld wettbewerbsfähig bleiben. Anstatt von den E-Commerce-Giganten in den Schatten gestellt zu werden, konnte sich Walmart behaupten und seinen Marktanteil sogar ausbauen. Der Weg des Unternehmens zeigt, wie wichtig Agilität angesichts der digitalen Disruption ist. Walmart hat sich nicht nur an die neue Einzelhandelslandschaft angepasst, sondern sie auch als Chance für Innovation und Wachstum genutzt, indem es den Wandel angenommen und die Technologie genutzt hat.

Diese Fallstudie dient als aussagekräftiges Beispiel für Unternehmen in verschiedenen Branchen, die mit der digitalen Disruption konfrontiert sind. Sie zeigt, dass Unternehmen mit einem strategischen Ansatz zur digitalen Integration potenzielle Bedrohungen in Chancen für Expansion und Erfolg verwandeln können.

Ein relevantes Beispiel aus der Praxis für die Priorisierung der Work-Life-Balance in einem Umfeld mit hohem Druck ist die Fallstudie von Slack Technologies, das von CEO Stewart Butterfield geleitet wird. In einer Branche, die oft durch eine unerbittliche Arbeitskultur gekennzeichnet ist, stach Butterfields

Ansatz bei Slack durch seine Betonung des Wohlbefindens der Mitarbeiter und der Work-Life-Balance hervor.

Slack, ein Unternehmen, das die Kommunikation am Arbeitsplatz revolutioniert hat, wuchs schnell und agierte in einem hart umkämpften technischen Umfeld. Trotz dieses Drucks war Butterfield fest entschlossen, nicht der typischen 24/7-Arbeitsmentalität zu erliegen, die in der Tech-Branche weit verbreitet ist. Er erkannte früh, dass langfristiger Erfolg eine Belegschaft erfordert, die nicht nur produktiv, sondern auch glücklich und ausgeglichen ist.

Eine der wichtigsten Strategien, die unter Butterfields Führung umgesetzt wurden, war die Festlegung klarer Grenzen für die Arbeitszeiten. Slack ermutigte die Mitarbeiter, zu ihren produktivsten Zeiten zu arbeiten, und entmutigte die Kultur der spätabendlichen oder Wochenend-E-Mails. Die unternehmensinternen Kommunikationsnormen wurden so gestaltet, dass sie die persönliche Zeit respektieren, wobei der Schwerpunkt auf der asynchronen Kommunikation liegt, die es den Teammitgliedern ermöglicht, nach eigenem Ermessen zu antworten.

Butterfield setzte sich auch für regelmäßige Pausen und Auszeiten für sein Team ein. Die Büros von Slack wurden mit Entspannungs- und Erholungsbereichen ausgestattet, und die Mitarbeiter wurden ermutigt, regelmäßig Pausen einzulegen, um sich zu erholen. Diesem Ansatz lag die Erkenntnis zugrunde, dass Kreativität und Produktivität gefördert werden, wenn der Geist ausgeruht ist und Stress minimiert wird.

Die Kultur von Slack unter Butterfields Führung legte großen Wert auf das allgemeine Wohlbefinden. Dies beschränkte sich nicht nur auf die körperliche Gesundheit, sondern umfasste auch mentale und emotionale Aspekte. Das Unternehmen bot verschiedene Wellness-Programme und -Ressourcen an und erkannte, dass eine glückliche und gesunde Belegschaft engagierter und produktiver ist.

Die Ergebnisse dieses Ansatzes waren eindeutig. Slack verzeichnete nicht nur ein hohes Produktivitätsniveau, sondern auch eine konstant hohe Mitarbeiterzufriedenheit. Das Unternehmen wurde für seine positive Arbeitskultur bekannt, was wiederum dazu beitrug, Spitzentalente anzuziehen.

Diese Fallstudie über Slack und die Führung von Butterfield zeigt, dass die Priorisierung der Work-Life-Balance nicht auf Kosten der Leistung gehen muss. Im Gegenteil, sie zeigt, dass eine Kultur, die das Wohlbefinden der Mitarbeiter wertschätzt, tatsächlich die Produktivität und Zufriedenheit steigern kann. Dieses Beispiel dient als Vorbild für andere Führungskräfte und Startups und zeigt, dass die Förderung einer gesunden Work-Life-Balance in den heutigen Arbeitsumgebungen mit hohem Druck sowohl machbar als auch vorteilhaft ist.

Diese Beispiele aus der Praxis geben wertvolle Einblicke in die Anwendung theoretischer Führungskonzepte in der Praxis. Sie zeigen, dass effektive Führung in der heutigen Zeit eine Mischung aus traditionellen Fähigkeiten und neuen Kompetenzen erfordert, um die Komplexität einer globalen, digital vernetzten Welt zu bewältigen. Durch die Untersuchung dieser Fallstudien können die Leser besser verstehen, wie sie die Grundsätze einer belastbaren und anpassungsfähigen Führung in ihrem eigenen Kontext anwenden und Herausforderungen in Chancen für Wachstum und Innovation verwandeln können.

Jede Fallstudie ist ein Beleg für die Dynamik der heutigen Führung und bietet dem Leser praktische Beispiele zum Nachahmen und Lernen. Sie geben einen Einblick in die Art und Weise, wie Führungskräfte ihre Organisationen erfolgreich durch die Feinheiten der modernen Geschäftswelt steuern können, und zeigen, wie wichtig Anpassungsfähigkeit, technologisches Know-how und ein Engagement für das Wohlergehen der Führungskräfte und ihrer Teams sind.

Zum Abschluss dieses Kapitels reflektieren wir die wichtigsten Erkenntnisse über die sich entwickelnde Landschaft der Führung. Wir haben uns zunächst mit den historischen Perspektiven auf das

Thema Führung befasst, um zu verstehen, wie traditionelle Modelle und Theorien den Grundstein für moderne Führungskonzepte gelegt haben. Die Verlagerung von inhärenten Eigenschaften und Verhaltensweisen hin zu eher situativen und adaptiven Stilen hat die Voraussetzungen für die dynamische Führungslandschaft geschaffen, die wir heute erleben.

Das Kapitel befasste sich dann mit den tiefgreifenden Auswirkungen des digitalen Zeitalters auf die Führung. Wir untersuchten, wie die digitalen Technologien die Kommunikation, die Entscheidungsfindung und die Organisationsstruktur revolutioniert haben, so dass sich die Führungskräfte an eine Welt anpassen müssen, in der Informationen sofort verfügbar sind und digitale Hilfsmittel integraler Bestandteil des Betriebs sind.

Ein weiterer Schwerpunkt war die Rolle der Globalisierung bei der Veränderung der Führung. Wir erörterten die Herausforderungen und Chancen, die sich aus der Führung in einer global vernetzten Welt ergeben, und betonten die Notwendigkeit kultureller Intelligenz, eines effektiven Managements von Remote-Teams und strategischer internationaler Zusammenarbeit.

Wir haben die neuen Herausforderungen und Chancen, die das digitale Zeitalter und die Globalisierung mit sich bringen, hervorgehoben. Das Management virtueller Teams, die Bewältigung digitaler Störungen und die Wahrung der Work-Life-Balance in einer rund um die Uhr vernetzten Welt sind nur einige der komplexen Aufgaben, mit denen moderne Führungskräfte konfrontiert sind. Umgekehrt bieten diese Veränderungen auch Zugang zu einem globalen Talentpool, innovative Arbeitsmethoden und das Potenzial für mehr organisatorische Flexibilität.

Anhand von Fallstudien aus der Praxis haben wir gezeigt, wie Führungskräfte und Unternehmen diese Veränderungen erfolgreich gemeistert haben. Von IBMs effektiver Umstellung auf globale virtuelle Teams bis hin zu Walmarts Anpassung an den E-Commerce und Slacks Schwerpunkt auf Work-Life-Balance -

diese Beispiele bieten praktische Einblicke in die Anwendung von Führungsprinzipien im modernen Zeitalter.

Die Entwicklung der Führung zu verstehen, ist nicht nur eine akademische Übung, sondern entscheidend für die Entwicklung der Widerstandsfähigkeit und Anpassungsfähigkeit, die moderne Führungskräfte benötigen. Da sich die Welt weiterhin in einem noch nie dagewesenen Tempo verändert, müssen Führungskräfte in der Lage sein, mit den damit einhergehenden Komplexitäten und Unsicherheiten umzugehen.

Im nächsten Kapitel werden wir uns eingehender mit dem Konzept der Resilienz in der Führung befassen. Wir werden untersuchen, was Resilienz im Kontext von Führung bedeutet, welche Komponenten sie hat und wie sie entwickelt und gefördert werden kann. Die Diskussion wird sich von der breiteren Landschaft der Führung zu den individuellen Qualitäten verlagern, die es Führungskräften ermöglichen, sich in dieser Landschaft effektiv zu bewegen. Diese Erkundung ist für jede Führungskraft, die in der komplexen, dynamischen Welt der modernen Führung erfolgreich sein will, von entscheidender Bedeutung.

Kapitel 2: Verständnis von Resilienz in der Führungsarbeit

Im zweiten Kapitel unserer Erkundung der modernen Führung richten wir unser Augenmerk auf einen entscheidenden Aspekt, der den Erfolg und die Nachhaltigkeit von Führungskräften heutzutage untermauert: die Resilienz. Im Zusammenhang mit Führung geht Resilienz über den allgemeinen Begriff des Aushaltens von Widrigkeiten hinaus; sie umfasst die Fähigkeit einer Führungskraft, sich angesichts von Herausforderungen, Stress und schnellem Wandel zu erholen, anzupassen und zu wachsen. Dieses Kapitel beginnt damit, das Wesen der Resilienz im Bereich der Führung zu enträtseln, eine Eigenschaft, die im schnelllebigen und sich ständig weiterentwickelnden Geschäftsumfeld des 21. Jahrhunderts immer unverzichtbarer wird.

In der heutigen Welt sind Führungskräfte mit einer Reihe komplexer Herausforderungen und Ungewissheiten konfrontiert. Von der Bewältigung technologischer Umwälzungen bis hin zur Leitung vielfältiger und oft global verteilter Teams müssen Führungskräfte unter hohem Druck und Unsicherheit konstant Leistung erbringen. Hier kommt der Resilienz eine zentrale Bedeutung zu. Dabei geht es nicht nur darum, sich von Rückschlägen zu erholen, sondern auch darum, diese mit Gelassenheit, Weitsicht und einem unerschütterlichen Fokus auf langfristige Ziele zu bewältigen. Eine resiliente Führungskraft kann nicht nur mit ihrem persönlichen Stress umgehen und ihr Wohlbefinden aufrechterhalten, sondern ist auch in der Lage, ihre Organisation durch turbulente Zeiten zu führen.

Zur Resilienz in der Führung gehört auch die Fähigkeit, Herausforderungen nicht als unüberwindbare Hindernisse, sondern als Lern- und Wachstumschancen zu sehen. Mit dieser Denkweise können Führungskräfte potenzielle Krisen in Katalysatoren für organisatorische Verbesserungen und Innovationen umwandeln. Resiliente Führungskräfte werden nicht durch die Herausforderungen definiert, mit denen sie konfrontiert sind, sondern dadurch, wie sie darauf reagieren.

Im weiteren Verlauf dieses Kapitels werden wir die Vielschichtigkeit von Resilienz in der Führung untersuchen. Wir werden untersuchen, wie sich Resilienz in verschiedenen Führungsszenarien manifestiert, welche psychologischen und biologischen Grundlagen zur Resilienz einer Führungskraft beitragen und welche unterschiedlichen und doch miteinander verbundenen Konzepte der persönlichen und organisatorischen Resilienz es gibt. Das Verständnis dieser Aspekte ist für jede Führungskraft, die sich in der heutigen dynamischen, von ständigem Wandel und Unvorhersehbarkeit geprägten Unternehmenslandschaft behaupten will, von wesentlicher Bedeutung. Die in diesem Kapitel gewonnenen Erkenntnisse werden nicht nur die Bedeutung der Resilienz in der Führung beleuchten, sondern auch praktische Hinweise geben, wie diese wichtige Eigenschaft kultiviert und genutzt werden kann.

Bei der Definition von Resilienz im Bereich der Führung gehen wir über das herkömmliche Verständnis von Resilienz als der Fähigkeit, Widrigkeiten zu widerstehen, hinaus. In einem Führungskontext ist Resilienz ein facettenreiches Attribut, das die Fähigkeit umfasst, inmitten von Herausforderungen, Veränderungen und Belastungen, die mit der Führungsrolle einhergehen, nicht nur auszuhalten, sondern auch zu gedeihen.

Im Kern geht es bei der Resilienz von Führungskräften um die Fähigkeit, sich schnell von Rückschlägen zu erholen. Das bedeutet, dass man nach einer Schwierigkeit nicht einfach zum Ausgangszustand zurückkehrt, sondern gestärkt, kenntnisreicher und geschickter aus ihr hervorgeht. Eine resiliente Führungskraft betrachtet Rückschläge nicht als unüberwindbare Misserfolge, sondern als wertvolle Lernerfahrungen, die sie als Sprungbrett für künftige Erfolge nutzt.

Resilienz zeigt sich in der Fähigkeit einer Führungskraft, sich an Veränderungen anzupassen. In der heutigen, sich schnell entwickelnden Unternehmenslandschaft ist der Wandel eine Konstante. Resiliente Führungskräfte sind diejenigen, die den Wandel als Chance für Innovation und Wachstum sehen und nicht als Bedrohung. Sie sind in der Lage, Strategien zu ändern, Richtungen zu ändern und Ressourcen neu auszurichten, um auf veränderte Umstände zu reagieren, während sie gleichzeitig eine klare Vision und Richtung für ihr Team oder ihre Organisation beibehalten.

Die Aufrechterhaltung von Konzentration und Energie unter Druck ist ein weiterer wichtiger Aspekt der Resilienz von Führungskräften. Die Fähigkeit, in Drucksituationen gelassen zu bleiben, klare Entscheidungen zu treffen und anderen Vertrauen einzuflößen, ist ein Markenzeichen belastbarer Führungskräfte. Dazu gehört es, die eigenen Emotionen im Griff zu haben, eine positive Einstellung zu bewahren und den Teammitgliedern ein Gefühl von Stabilität und Sicherheit zu vermitteln, selbst inmitten von Krisen oder Unsicherheit.

Resilienz in einem Führungskontext ist eine dynamische und proaktive Eigenschaft. Sie zeichnet sich durch die Fähigkeit aus, sich von Rückschlägen zu erholen, sich an Veränderungen anzupassen und unter Druck Konzentration und Energie aufrechtzuerhalten. Diese Eigenschaften sind für Führungskräfte unerlässlich, wenn sie die Komplexität und die Herausforderungen des modernen Geschäftsumfelds effektiv meistern wollen. Im weiteren Verlauf werden wir sehen, dass diese Resilienz nicht nur eine persönliche Eigenschaft ist, sondern auch eng mit dem breiteren organisatorischen Kontext verwoben ist und die Resilienz der Teams und Organisationen, die von den Führungskräften geleitet werden, beeinflusst und prägt.

Die psychologischen Aspekte der Resilienz bilden das Fundament, auf dem Führungskräfte ihre Fähigkeit aufbauen, Herausforderungen und Ungewissheiten zu meistern. Im Mittelpunkt dieser Resilienz stehen mehrere Schlüsselelemente: Denkweise, emotionale Intelligenz und Bewältigungsstrategien.

Jede dieser Komponenten spielt eine entscheidende Rolle bei der Gestaltung der Fähigkeit einer Führungskraft, Stress zu bewältigen, unter Druck Entscheidungen zu treffen und eine positive Einstellung zu bewahren.

Eine bestimmte Einstellung, insbesondere eine Wachstumseinstellung, ist für die Widerstandsfähigkeit von Führungskräften von grundlegender Bedeutung. Führungskräfte mit einer wachstumsorientierten Denkweise sehen Herausforderungen als Chance, zu lernen und zu wachsen, und nicht als Bedrohung ihrer Kompetenz oder ihres Status. Diese Sichtweise ermöglicht es ihnen, Schwierigkeiten mit Neugier und Offenheit zu begegnen und eine problemlösende statt einer defätistischen Haltung zu entwickeln. Die Denkweise einer resilienten Führungskraft zeichnet sich auch durch Optimismus aus - ein Glaube an die Möglichkeit positiver Ergebnisse selbst im Angesicht von Widrigkeiten. Bei diesem Optimismus geht es nicht darum, die Realität zu ignorieren, sondern über unmittelbare Rückschläge hinaus das Potenzial für zukünftige Erfolge zu sehen.

Emotionale Intelligenz ist ein weiterer wichtiger psychologischer Aspekt der Resilienz. Sie umfasst die Fähigkeit, sich seiner Emotionen bewusst zu sein, sie zu kontrollieren und auszudrücken sowie mit zwischenmenschlichen Beziehungen vernünftig und einfühlsam umzugehen. Für Führungskräfte bedeutet emotionale Intelligenz, dass sie in der Lage sind, ihre eigenen emotionalen Reaktionen auf Stresssituationen zu steuern und auf die Emotionen der anderen Mitglieder ihres Teams einzugehen. Diese Sensibilität ermöglicht es ihnen, Unterstützung und Motivation zu bieten, die Moral des Teams aufrechtzuerhalten und die komplexe Dynamik des Gruppenverhaltens unter Stress zu steuern.

Bewältigungsstrategien sind die Techniken, die Führungskräfte einsetzen, um mit Stress und Widrigkeiten umzugehen. Wirksame Bewältigungsstrategien können eine Reihe von Ansätzen umfassen, von problemorientierten Strategien wie der Suche nach Informationen und der Planung bis hin zu emotionsorientierten Strategien wie der Suche nach Unterstützung durch andere oder der Teilnahme an stressreduzierenden Aktivitäten. Die Fähigkeit, je nach Situation geeignete Bewältigungsstrategien auszuwählen und umzusetzen, ist ein wichtiger Bestandteil des Instrumentariums einer resilienten Führungskraft. Diese Anpassungsfähigkeit stellt sicher, dass sie ihre Effektivität auch in Situationen mit hohem Druck aufrechterhalten können.

Diese psychologischen Aspekte der Resilienz ermöglichen es Führungskräften, mit Stress und Druck auf gesunde und produktive Weise umzugehen. Indem sie eine wachstumsorientierte Denkweise kultivieren, emotionale Intelligenz entwickeln und wirksame Bewältigungsstrategien anwenden, können Führungskräfte nicht nur ihre Leistung, sondern auch eine positive Einstellung aufrechterhalten. Diese psychologische Widerstandsfähigkeit ist für Führungskräfte von entscheidender Bedeutung, da sie sich direkt auf ihre Entscheidungsfindung, ihre Interaktionen mit Teammitgliedern und letztlich auf ihre Fähigkeit auswirkt, in schwierigen Situationen effektiv zu führen. Bei der Untersuchung dieser Elemente erhalten wir einen Einblick, wie Führungskräfte ihre psychologische Belastbarkeit entwickeln und stärken können, um eine solide Grundlage für die anpassungsfähige, einfühlsame und effektive Führung zu schaffen, die in der komplexen und schnelllebigen Geschäftswelt von heute erforderlich ist.

Während die psychologischen Aspekte der Resilienz bei Führungskräften gut bekannt sind, sind die biologischen Grundlagen ebenso wichtig, werden aber oft weniger diskutiert. Bei den biologischen Aspekten der Resilienz geht es um das Zusammenspiel von Neurologie und Physiologie, insbesondere darum, wie der Körper und das Gehirn auf Stress reagieren und sich davon erholen.

Auf neurologischer Ebene ist die Resilienz eng mit der Fähigkeit des Gehirns verbunden, sich an Stress anzupassen. Die neurowissenschaftliche Forschung hat gezeigt, dass resiliente Personen zu bestimmten Mustern in der Gehirnaktivität neigen. So arbeiten beispielsweise Bereiche des Gehirns, die an der Regulierung von Emotionen und der Kontrolle von Angstreaktionen beteiligt sind, wie der präfrontale Kortex und die

Amygdala, bei resilienten Personen anders. Diese Unterschiede ermöglichen ein besseres Management der emotionalen Reaktionen auf Stress und erleichtern wirksamere Bewältigungsmechanismen.

Physiologisch gesehen löst Stress eine Kaskade von Hormonreaktionen im Körper aus, vor allem die Freisetzung von Cortisol und Adrenalin, die Teil der "Kampf- oder Flucht"- Reaktion des Körpers sind. Diese Reaktionen sind zwar für die Bewältigung unmittelbarer Bedrohungen unerlässlich, aber eine chronische Aktivierung kann sich nachteilig auf die Gesundheit auswirken, z. B. durch eine Beeinträchtigung der kognitiven Funktionen, eine Schwächung des Immunsystems und ein erhöhtes Risiko für chronische Krankheiten. Resilienz bezieht sich in diesem biologischen Kontext auf die Fähigkeit des Körpers, mit diesen stressbedingten physiologischen Veränderungen umzugehen und sich von ihnen zu erholen. Resiliente Führungskräfte haben in der Regel eine robustere physiologische Reaktion auf Stress, so dass sie sich schneller erholen und die langfristigen negativen Auswirkungen von chronischem Stress verhindern können.

Bemerkenswert ist auch die Rolle von Lebensstilfaktoren beim Aufbau der biologischen Widerstandsfähigkeit. Regelmäßige körperliche Aktivität, ausreichender Schlaf, eine ausgewogene Ernährung und Achtsamkeitspraktiken wie Meditation verbessern nachweislich die Stressresistenz des Körpers. Diese Aktivitäten können zu Veränderungen der Gehirnfunktion und -struktur führen, die physiologischen Auswirkungen von Stress verringern und das allgemeine Wohlbefinden verbessern.

Das Verständnis der biologischen Aspekte der Resilienz bietet Führungskräften eine umfassendere Sicht auf die Funktionsweise der Resilienz. Es unterstreicht, wie wichtig es ist, nicht nur psychologische Resilienz zu entwickeln, sondern auch für die eigene körperliche Gesundheit als Schlüsselkomponente einer effektiven Führung zu sorgen. Das Erkennen der Anzeichen von Stress und Strategien zur Abschwächung seiner Auswirkungen sind entscheidend für die Erhaltung der Führungsleistung und der allgemeinen Gesundheit. Die Erforschung der biologischen Grundlagen der Resilienz verdeutlicht die Verflechtung von Geist und Körper und die Bedeutung eines ganzheitlichen Ansatzes für die Entwicklung von Resilienz in der Führung.

Persönliche Resilienz ist eine unverzichtbare Eigenschaft für Führungskräfte. Sie bezieht sich auf die Fähigkeit einer Führungskraft, ihr Wohlbefinden und ihre Effektivität angesichts von Stress, Herausforderungen und Widrigkeiten zu erhalten. Zur Förderung der persönlichen Resilienz gehört eine Kombination aus Selbstfürsorgestrategien und Techniken zur persönlichen Entwicklung.

Selbstfürsorge ist eine wesentliche Voraussetzung für persönliche Resilienz. Sie umfasst eine Reihe von Praktiken, die Führungskräfte anwenden können, um ihre körperliche, geistige und emotionale Gesundheit zu erhalten. Dazu gehören ausreichende Ruhe und Schlaf, regelmäßige körperliche Betätigung, gesunde Ernährung und Techniken zum Stressabbau wie Meditation oder Achtsamkeit. Diese Praktiken helfen Führungskräften, ihr Energieniveau zu halten und die physischen und psychischen Auswirkungen von Stress zu reduzieren.

Die persönliche Entwicklung ist eine weitere wichtige Komponente der persönlichen Resilienz. Sie beinhaltet ständige Bemühungen, sich selbst zu verstehen und zu verbessern. Der Schlüssel dazu ist Selbsterkenntnis - die Fähigkeit, die eigenen Emotionen, Stärken, Schwächen und Auslöser zu erkennen. Führungskräfte, die sich ihrer selbst bewusst sind, können ihre Reaktionen auf schwierige Situationen besser steuern und fundiertere Entscheidungen darüber treffen, wie sie sich in verschiedenen Situationen verhalten sollen.

Die Selbstregulierung, die eng mit der Selbstwahrnehmung verbunden ist, ist ebenfalls entscheidend für die persönliche Resilienz. Sie bezieht sich auf die Fähigkeit, die eigenen emotionalen Reaktionen und Verhaltensweisen zu steuern, insbesondere in Situationen mit hohem Druck. Dazu gehören Techniken wie das kognitive Reframing, bei dem Führungskräfte lernen, ihre Perspektive auf stressige Situationen zu ändern, oder die emotionale Beherrschung, bei der sie auch unter Zwang ihre Fassung bewahren.

Persönliches Wachstum spielt eine wichtige Rolle bei der Resilienz. Führungskräfte, die sich eine Haltung des kontinuierlichen Lernens und Wachstums zu eigen machen, sehen Herausforderungen eher als Entwicklungschancen denn als Bedrohung. Diese Mentalität fördert einen proaktiven Ansatz für die persönliche und berufliche Entwicklung und damit eine dynamische und anpassungsfähige Resilienz.

Die Bedeutung der persönlichen Resilienz für die Führung kann gar nicht hoch genug eingeschätzt werden. Sie wirkt sich nicht nur auf das eigene Wohlbefinden und die Effektivität einer Führungskraft aus, sondern auch auf ihre Fähigkeit, andere effektiv zu führen. Resiliente Führungskräfte sind besser in der Lage, ihre Teams in schwierigen Zeiten zu unterstützen, ein positives Arbeitsumfeld aufrechtzuerhalten und den Unternehmenserfolg zu fördern. Dieser Abschnitt des Kapitels befasst sich mit den praktischen Aspekten des Aufbaus persönlicher Resilienz und bietet Führungskräften umsetzbare Strategien, um ihre Fähigkeit zu verbessern, in der anspruchsvollen Welt der Führung erfolgreich zu sein.

Nach der Untersuchung der persönlichen Dimensionen der Resilienz wird der Schwerpunkt auf die organisatorische Resilienz verlagert. Dieses Konzept geht über die einzelne Führungskraft hinaus und umfasst die Fähigkeit von Teams und ganzen Organisationen, Widrigkeiten und Veränderungen standzuhalten, sich ihnen anzupassen und sich davon zu erholen. Bei der organisatorischen Resilienz geht es nicht nur darum, Herausforderungen zu überstehen, sondern auch darum, Chancen zur Weiterentwicklung und Verbesserung zu ergreifen.

Die Schaffung einer widerstandsfähigen Unternehmenskultur ist ein vielschichtiges Unterfangen, das bewusste Anstrengungen und Strategien erfordert. Es beginnt mit der Förderung einer offenen Kommunikation. Eine widerstandsfähige Organisation ist eine, in der der Dialog gefördert und Feedback geschätzt wird. Führungskräfte in solchen Organisationen fördern ein Umfeld, in dem sich Teammitglieder sicher fühlen, ihre Ideen, Bedenken und Vorschläge zu äußern. Diese Offenheit fördert nicht nur das Wohlbefinden der Mitarbeiter, sondern ermöglicht es dem Unternehmen auch, Probleme schneller zu erkennen und anzugehen, sich an Veränderungen anzupassen und Innovationen voranzutreiben.

Anpassungsfähigkeit ist ein weiterer Eckpfeiler der organisatorischen Widerstandsfähigkeit. In einer Welt, in der der Wandel die einzige Konstante ist, ist die Fähigkeit einer Organisation, auf die sich verändernde Marktdynamik, den technologischen Fortschritt und andere externe Faktoren zu reagieren, entscheidend. Führungskräfte spielen eine Schlüsselrolle bei der Kultivierung dieser Anpassungsfähigkeit, indem sie eine flexible Denkweise fördern, den Wandel begrüßen und bereit sind, traditionelle Arbeitsweisen zu überdenken. Dies kann die Umstrukturierung von Teams, die Überarbeitung von Strategien oder die Einführung neuer Technologien beinhalten.

Kontinuierliches Lernen ist ein wesentlicher Bestandteil des Aufbaus einer widerstandsfähigen Organisation. Resiliente Organisationen sind lernende Organisationen, die ständig bemüht sind, ihre Wissensbasis und ihre Fähigkeiten zu erweitern. Dazu gehören nicht nur formale Schulungs- und Entwicklungsprogramme, sondern auch die Förderung einer Kultur, in der das Lernen aus Erfolgen und Misserfolgen gefördert wird. Führungskräfte in widerstandsfähigen Organisationen räumen dem Lernen und der Entwicklung Priorität ein, investieren in das Wachstum ihrer Mitarbeiter und betrachten jede Herausforderung als Lernmöglichkeit.

Zusätzlich zu diesen Strategien umfasst die organisatorische Resilienz auch praktische Maßnahmen wie robustes Risikomanagement, Notfallplanung und Ressourcendiversifizierung. Es geht um den Aufbau von Systemen und Prozessen, die Schocks und Belastungen standhalten und sicherstellen, dass die Organisation unter verschiedenen Szenarien weiterhin effektiv arbeiten kann.

Die Widerstandsfähigkeit einer Organisation ist daher ein Spiegelbild sowohl ihrer Führung als auch ihrer Kultur. Sie erfordert Führungskräfte, die nicht nur selbst Resilienz verkörpern, sondern diese Qualitäten auch in ihre Organisation einbringen. Durch die Förderung von offener Kommunikation, Anpassungsfähigkeit und kontinuierlichem Lernen können Führungskräfte Organisationen formen, die nicht nur für die Bewältigung aktueller Herausforderungen gerüstet, sondern auch auf zukünftige Unwägbarkeiten vorbereitet sind. Bei der Untersuchung dieses Konzepts stellen wir fest, welche Maßnahmen Führungskräfte ergreifen können, um eine resiliente Kultur zu fördern und so die allgemeine Stärke und Nachhaltigkeit ihrer Organisationen zu verbessern.

Das Verständnis der Unterscheidung zwischen persönlicher und organisatorischer Resilienz ist im breiteren Kontext der Führung von entscheidender Bedeutung. Sie sind zwar miteinander verbunden, konzentrieren sich aber auf unterschiedliche Ebenen des Aufbaus und Funktionierens von Resilienz.

Persönliche Resilienz bezieht sich in erster Linie auf die einzelne Führungskraft. Sie umfasst die Fähigkeit der Führungskraft, ihren eigenen Stress zu bewältigen, ihr Wohlbefinden zu erhalten und auch unter Druck effektiv zu arbeiten. Diese Form der Resilienz wird durch Selbstfürsorge, emotionale Intelligenz, Selbstwahrnehmung und Selbstregulierung aufgebaut. Es geht darum, wie eine Führungskraft auf persönlicher Ebene mit Herausforderungen umgeht, wie sie sich von Rückschlägen erholt und wie sie an diesen Erfahrungen wächst.

Organisatorische Resilienz hingegen geht über das Individuum hinaus und umfasst die kollektive Fähigkeit einer Organisation, sich an Veränderungen anzupassen, Störungen zu widerstehen und sich schnell von Rückschlägen zu erholen. Diese Art von Resilienz wird durch die Schaffung anpassungsfähiger Systeme, die Förderung einer Kultur der offenen Kommunikation und des kontinuierlichen Lernens sowie die Entwicklung robuster Strategien zur Bewältigung von Risiken und Veränderungen erreicht. Es geht darum, wie eine Organisation als Ganzes auf externen Druck und interne Herausforderungen reagiert.

Die Wechselwirkung zwischen persönlicher und organisatorischer Resilienz ist eine dynamische und symbiotische. Die persönliche Resilienz einer Führungskraft kann einen tiefgreifenden Einfluss auf die Resilienz der von ihr geleiteten Organisation haben. Resiliente Führungskräfte sind besser in der Lage, die Resilienz in ihren Teams und in der gesamten Organisation zu fördern. Sie können mit gutem Beispiel vorangehen und ein Umfeld schaffen, das die Resilienz der Mitarbeiter fördert. So kann beispielsweise die Fähigkeit einer Führungskraft, ihren eigenen Stress effektiv zu bewältigen, dazu beitragen, eine positivere Arbeitsatmosphäre zu schaffen, Ängste unter den Teammitgliedern zu verringern und die Gesamtleistung des Teams zu verbessern.

Umgekehrt bietet eine widerstandsfähige Organisation ein unterstützendes Umfeld, das die persönliche Widerstandsfähigkeit von Führungskräften und Mitarbeitern stärken kann. Wenn eine Organisation über starke Systeme zur Bewältigung von Veränderungen und Widrigkeiten verfügt, verringert sich der Stress für den Einzelnen, so dass er sich auf Innovation und Wachstum konzentrieren kann, anstatt nur Krisen zu bewältigen.

Persönliche und organisatorische Resilienz sind zwar unterschiedliche Konzepte, aber sie ergänzen sich auch. Die persönliche Resilienz einer Führungskraft trägt dazu bei, die Resilienz einer Organisation aufzubauen und zu erhalten, und eine resiliente Organisation wiederum unterstützt und fördert die persönliche Resilienz ihrer Führungskräfte und Mitglieder. Dieses Zusammenspiel ist entscheidend für die allgemeine Gesundheit, Anpassungsfähigkeit und Nachhaltigkeit von Führungskräften und Organisationen angesichts der komplexen Herausforderungen der modernen Geschäftswelt.

Mit der Zusammenfassung der Erkenntnisse dieses Kapitels haben wir uns an eine umfassende Untersuchung der Resilienz im Kontext der Führung herangewagt. Wir haben gesehen, dass

Resilienz, eine facettenreiche und dynamische Eigenschaft, von zentraler Bedeutung ist, um Führungskräfte in die Lage zu versetzen, sich in der sich ständig verändernden Landschaft des modernen Geschäftslebens zurechtzufinden.

Im Mittelpunkt unserer Diskussion stand die Erkenntnis, dass es bei der Resilienz von Führungskräften nicht nur darum geht, Widrigkeiten zu überstehen, sondern auch darum, inmitten von Widrigkeiten zu gedeihen. Dazu gehört eine Kombination aus persönlicher Resilienz - die Selbstfürsorge, emotionale Intelligenz und Anpassungsfähigkeit umfasst - und organisatorischer Resilienz, die sich auf den Aufbau einer Kultur konzentriert, die externen Belastungen und internen Herausforderungen standhalten und sich anpassen kann.

Wir untersuchten die psychologischen Aspekte der Resilienz, zu denen eine wachstumsorientierte Denkweise, emotionale Intelligenz und effektive Bewältigungsstrategien gehören. Diese Elemente sind für Führungskräfte von entscheidender Bedeutung, um Stress zu bewältigen, unter Druck Entscheidungen zu treffen und selbst unter schwierigsten Umständen eine positive Einstellung zu bewahren.

Wir haben uns auch mit den biologischen Grundlagen der Resilienz befasst und verstanden, wie sich Stress auf Körper und Geist auswirkt und wie Resilienz diese Auswirkungen mildern kann. Diese biologische Perspektive unterstreicht die Bedeutung des körperlichen Wohlbefindens für die Verbesserung der allgemeinen Widerstandsfähigkeit einer Führungskraft.

Die Unterscheidung zwischen persönlicher und organisatorischer Resilienz verdeutlichte, dass diese Konzepte zwar unterschiedlich sind, aber dennoch eng miteinander verbunden sind. Die persönliche Resilienz einer Führungskraft wirkt sich direkt auf ihre Fähigkeit aus, die Resilienz innerhalb ihrer Organisation zu fördern, und eine resiliente Organisation unterstützt die persönliche Resilienz ihrer Führungskräfte und Mitglieder.

Ein vertieftes Verständnis von Resilienz befähigt Führungskräfte, die komplexen Herausforderungen der modernen Führung effektiv zu meistern. Es stattet sie mit den Werkzeugen aus, um angesichts von Veränderungen, Ungewissheit und Stress nicht nur zu überleben, sondern auch zu gedeihen. Indem sie sowohl die persönliche als auch die organisatorische Resilienz kultivieren, können Führungskräfte ein Umfeld schaffen, das anpassungsfähig und innovativ ist und den Stürmen des Wandels standhalten kann.

Im weiteren Verlauf dieses Buches wird diese Grundlage des Verständnisses von Resilienz ausschlaggebend dafür sein, wie Führungskräfte diese Qualitäten entwickeln und nutzen können, und zwar nicht nur zu ihrem eigenen Nutzen, sondern zum Nutzen ihrer Teams und Organisationen insgesamt. Dieses Kapitel bildet die Grundlage für ein tieferes Eintauchen in praktische Strategien und Ansätze, die Führungskräfte anwenden können, um bei sich selbst und in ihren Organisationen Resilienz aufzubauen.

Kapitel 3: Psychisches Wohlbefinden: Eine zentrale Führungskompetenz

Im dritten Kapitel unserer Reise zu den Feinheiten effektiver Führung richten wir unser Augenmerk auf einen wichtigen, aber oft übersehenen Aspekt: das psychische Wohlbefinden. In diesem Kapitel wird das Konzept des psychischen Wohlbefindens im Kontext der Führung vorgestellt und seine Bedeutung als grundlegender Bestandteil der Gesamteffektivität und des Erfolgs einer Führungskraft hervorgehoben.

Psychisches Wohlbefinden bedeutet im Bereich der Führung mehr als nur die Abwesenheit von psychischen Problemen. Es umfasst einen Zustand des emotionalen, psychologischen und sozialen Wohlbefindens, der es Führungskräften ermöglicht, ihr Bestes zu geben. Psychisches Wohlbefinden beinhaltet die Fähigkeit, mit Emotionen umzugehen, Stress zu bewältigen, positive Beziehungen zu pflegen und fundierte Entscheidungen zu treffen. Es geht um die mentale und emotionale Fähigkeit, mit den Herausforderungen und dem Druck umzugehen, die mit einer Führungsrolle verbunden sind.

In dem schnelllebigen und stressigen Umfeld, in dem Führungskräfte häufig arbeiten, ist das geistige Wohlbefinden ebenso wichtig wie die körperliche Gesundheit. Genauso wie die körperliche Fitness es Führungskräften ermöglicht, den Anforderungen ihrer Rolle gerecht zu werden, befähigt sie das geistige Wohlbefinden, komplexe Situationen zu meistern, klare Gedanken zu fassen und emotionale Intelligenz zu zeigen. Es ist ein wichtiger Faktor für die Entscheidungsfähigkeit, Kreativität, Widerstandsfähigkeit und Empathie einer Führungskraft - alles wesentliche Eigenschaften für eine effektive Führung.

Die Bedeutung des psychischen Wohlbefindens von Führungskräften kann gar nicht hoch genug eingeschätzt werden. Die psychische Verfassung einer Führungskraft hat nicht nur einen tiefgreifenden Einfluss auf ihre eigene Leistung, sondern auch auf das Wohlbefinden und die Produktivität ihrer Teams. Führungskräfte, die ihr psychisches Wohlbefinden in den Vordergrund stellen, gehen mit gutem Beispiel voran und schaffen eine Arbeitskultur, die psychische Gesundheit schätzt und fördert. Dies wiederum führt zu gesünderen, engagierteren und produktiveren Teams.

In diesem Kapitel werden die verschiedenen Facetten des psychischen Wohlbefindens von Führungskräften untersucht. Wir gehen der Frage nach, wie Führungskräfte ihre psychische Gesundheit fördern können, wie sich ihr Wohlbefinden auf ihre Teams auswirkt und wie sie eine Unternehmenskultur fördern können, die die psychische Gesundheit unterstützt. Ziel dieser Diskussion ist es, die integrale Rolle des psychischen Wohlbefindens in der Führung zu beleuchten und den Führungskräften Strategien zur Erhaltung und Verbesserung ihrer psychischen Gesundheit an die Hand zu geben. Damit bekräftigen wir, dass psychisches Wohlbefinden nicht nur eine persönliche Angelegenheit ist, sondern eine entscheidende Führungskompetenz, die weitreichende Auswirkungen auf den Erfolg und die Nachhaltigkeit von Organisationen hat.

Die Definition des psychischen Wohlbefindens im Zusammenhang mit Führungsaufgaben umfasst ein breites Spektrum von Faktoren, die zusammengenommen zur psychischen Gesundheit und Effektivität einer Führungskraft beitragen. Im Wesentlichen umfasst das psychische Wohlbefinden emotionale Ausgeglichenheit, effektives Stressmanagement und optimale kognitive Gesundheit.

Emotionales Gleichgewicht in der Führung bezieht sich auf die Fähigkeit, die eigenen Emotionen auf gesunde Weise zu steuern und zu regulieren. Es geht darum, ein Maß an emotionaler Stabilität aufrechtzuerhalten, das es Führungskräften ermöglicht, auf verschiedene Situationen mit Bedacht und Gelassenheit zu reagieren. Dieses Gleichgewicht ist für Führungskräfte von entscheidender Bedeutung, da es sich auf ihre Interaktion mit Teammitgliedern, ihre Fähigkeit, Krisen zu bewältigen, und ihren allgemeinen Einfluss innerhalb der Organisation auswirkt.

Stressmanagement ist eine weitere wichtige Komponente des psychischen Wohlbefindens. Führungsaufgaben sind naturgemäß mit hohem Druck und schwierigen Entscheidungen verbunden. Ein wirksames Stressmanagement ermöglicht es Führungskräften, auch unter schwierigen Bedingungen einen klaren Kopf zu behalten und sich zu konzentrieren. Dazu gehört nicht nur die Fähigkeit, mit Stress umzugehen, wenn er auftritt, sondern auch proaktive Strategien zur Minimierung von Stress, z. B. Delegieren, Prioritäten setzen und realistische Ziele setzen.

Kognitive Gesundheit in Führungspositionen bedeutet, einen scharfen und beweglichen Verstand zu haben. Dazu gehören Aspekte wie Gedächtnis, Aufmerksamkeit, Problemlösungsfähigkeit und Entscheidungsfähigkeit. Die kognitive Gesundheit einer Führungskraft ist ein wesentlicher Faktor für ihre Fähigkeit, zu planen, zu strategieren, zu innovieren und fundierte Entscheidungen zu treffen.

Die Bedeutung des psychischen Wohlbefindens für die Entscheidungsfindung, die Kreativität, das Einfühlungsvermögen und die allgemeine Effektivität einer Führungskraft ist tiefgreifend. Führungskräfte mit gutem psychischen Wohlbefinden sind in der Regel entscheidungsfreudiger und neigen weniger zu Fehleinschätzungen aufgrund von Stress oder emotionalen Turbulenzen. Sie sind eher kreativ, da ein gesunder mentaler Zustand eine offene und forschende Denkweise fördert, die Innovationen und kreative Problemlösungen begünstigt.

Empathie, eine wesentliche Eigenschaft für effektive Führung, ist ebenfalls eng mit psychischem Wohlbefinden verbunden. Führungskräfte, die sich mental wohlfühlen, haben ein besseres Gespür für die Bedürfnisse und Emotionen ihrer Teammitglieder. Diese emotionale Intelligenz ermöglicht es ihnen, engere

Beziehungen aufzubauen, ein positives Arbeitsumfeld zu fördern und mit Mitgefühl und Verständnis zu führen.

Psychisches Wohlbefinden ist ein Eckpfeiler effektiver Führung. Es beeinflusst jeden Aspekt der Rolle einer Führungskraft - von der Art und Weise, wie sie Entscheidungen trifft und Probleme löst, bis hin zur Art und Weise, wie sie mit anderen interagiert und mit dem Druck ihrer Position umgeht. Dieses Kapitel soll diese Aspekte des psychischen Wohlbefindens beleuchten und eine Grundlage für das Verständnis schaffen, warum psychische Gesundheit für den Erfolg einer Führungskraft und das Wohlergehen ihrer Organisation ebenso wichtig ist wie jede andere Führungsfähigkeit.

Das psychische Wohlbefinden von Führungskräften ist kein isolierter Aspekt ihrer beruflichen Persönlichkeit, sondern hat erheblichen Einfluss auf die Dynamik, Moral und Produktivität ihrer Teams. Der emotionale Zustand und das Stressniveau einer Führungskraft wirken sich oft auf das gesamte Team aus, prägen das Arbeitsumfeld und wirken sich auf die Gesamtleistung des Teams aus.

Das emotionale Gleichgewicht und Wohlbefinden einer Führungskraft wirkt sich direkt auf die Teamdynamik aus. Führungskräfte, die emotional stabil sind und effektiv mit Stress umgehen, neigen dazu, ein positives und stabiles Arbeitsumfeld zu schaffen. Diese Stabilität fördert das Vertrauen und die Sicherheit unter den Teammitgliedern und begünstigt eine offene Kommunikation und Zusammenarbeit. Umgekehrt kann eine Führungskraft, die häufig negative Emotionen zeigt oder ständig gestresst scheint, zu einer angespannten und unruhigen Arbeitsatmosphäre beitragen. Ein solches Umfeld führt häufig zu erhöhter Nervosität unter den Teammitgliedern, geringerer Zusammenarbeit und einem Zusammenbruch der Kommunikation.

Die Art und Weise, wie eine Führungskraft mit ihrem Stress umgeht, ist besonders einflussreich. Führungskräfte, die Stress auf gesunde Weise bewältigen, z. B. durch Problemlösung, Suche nach Unterstützung oder Teilnahme an Wellness-Aktivitäten, sind ein positives Beispiel für ihr Team. Sie zeigen, dass Stress zwar ein Teil des Arbeitslebens ist, aber konstruktiv bewältigt werden kann. Andererseits können Führungskräfte, die schlecht mit Stress umgehen, etwa indem sie reizbar, zurückgezogen oder unentschlossen sind, unbeabsichtigt das Stressniveau ihres Teams erhöhen. Dies kann zu einem Rückgang der Arbeitsmoral und der Produktivität des Teams führen, da sich die Teammitglieder nicht unterstützt fühlen und verunsichert sind.

Das psychische Wohlbefinden einer Führungskraft beeinflusst ihre Fähigkeit, ihr Team zu motivieren und zu inspirieren. Führungskräfte, die sich psychisch wohl fühlen, sind eher engagiert, enthusiastisch und optimistisch. Diese Eigenschaften sind ansteckend und können die Moral des Teams erheblich steigern, was zu einem höheren Maß an Engagement und Produktivität führt. Im Gegensatz dazu kann es für Führungskräfte, die mit ihrer psychischen Gesundheit zu kämpfen haben, schwierig sein, die nötige Unterstützung und Motivation zu bieten, was möglicherweise zu Desengagement und Orientierungslosigkeit im Team führt.

Die Produktivität eines Teams ist eng mit dem mentalen Zustand der Führungskraft verbunden. Eine geistig gesunde Führungskraft ist in der Regel konzentrierter, besser organisiert und in der Lage, klare und strategische Entscheidungen zu treffen. Dank dieser Klarheit und Ausrichtung können die Teams effizienter und effektiver arbeiten. Wenn eine Führungskraft hingegen mit psychischen Problemen zu kämpfen hat, kann dies zu Unentschlossenheit, mangelnder Konzentration und schlechter Entscheidungsfindung führen, was die Produktivität des Teams direkt beeinträchtigen kann.

Das psychische Wohlbefinden einer Führungskraft ist ein entscheidender Faktor für die Teamdynamik, die Moral und die Produktivität. Führungskräfte spielen eine zentrale Rolle, wenn es darum geht, den emotionalen Ton am Arbeitsplatz vorzugeben und Stressbewältigungsmechanismen zu modellieren. Daher ist eine Investition in das psychische Wohlbefinden einer

Führungskraft nicht nur für die Führungskraft selbst von Vorteil, sondern auch für die Gesundheit, das Glück und den Erfolg ihres Teams von entscheidender Bedeutung. Dieser Teil des Kapitels unterstreicht die Verflechtung von individuellem und Team-Wohlbefinden und hebt die Verantwortung hervor, die Führungskräfte für die Aufrechterhaltung ihrer psychischen Gesundheit zum Wohle ihrer Teams und der gesamten Organisation tragen.

Wenn wir uns mit psychischer Gesundheit im Zusammenhang mit Führungsaufgaben befassen, werden wir oft mit einem weit verbreiteten, aber schädlichen Stigma konfrontiert. Trotz des wachsenden Bewusstseins werden psychische Probleme in Führungspositionen häufig mit falschen Vorstellungen und Urteilen bedacht. Dieses Stigma ist tief in der traditionellen Auffassung von Führung verwurzelt, in der jede Form von Verletzlichkeit, einschließlich psychischer Probleme, oft als Schwäche oder Unfähigkeit zur Bewältigung von Führungsaufgaben angesehen wird.

Führungskräfte verspüren häufig einen immensen Druck, ein Bild der Stärke und Unverwundbarkeit zu vermitteln, was auf die herkömmliche Vorstellung zurückzuführen ist, dass Führungskräfte immer die Kontrolle haben und unerschütterlich sein müssen. Das Eingeständnis von psychischen Problemen kann daher als berufliches Risiko angesehen werden, was viele Führungskräfte dazu veranlasst, ihre Probleme zu verbergen. Diese Fassade der unerschütterlichen Resilienz kann anstrengend sein und psychische Probleme noch verschlimmern.

Die Auswirkungen dieser Stigmatisierung und des damit verbundenen Verschweigens psychischer Probleme können tiefgreifend sein, sowohl für die Führungskräfte selbst als auch für ihre Teams. Für Führungskräfte führt das Verschweigen psychischer Probleme oft zu erhöhtem Stress und kann sie davon abhalten, die notwendige Unterstützung oder Behandlung in Anspruch zu nehmen. Dies kann zu einer Verschlechterung ihres psychischen Wohlbefindens, ihrer Entscheidungsfähigkeit und ihrer allgemeinen Effektivität als Führungskraft führen.

Für Teams können die Auswirkungen ebenso nachteilig sein. Wenn Führungskräfte ihre psychischen Probleme nicht ansprechen, kann sich dies auf ihr Verhalten und ihre Entscheidungsfindung auswirken und möglicherweise zu einem toxischen Arbeitsumfeld führen. Wenn Führungskräfte psychische Probleme nicht offen ansprechen, wird das Stigma aufrechterhalten und eine Arbeitskultur geschaffen, in der sich die Teammitglieder gezwungen sehen, ihre Probleme zu verbergen. Dies kann zu einer geringeren Arbeitsmoral, erhöhtem Stress unter den Teammitgliedern und einem allgemeinen Rückgang des Wohlbefindens und der Produktivität des Teams führen.

Um dieses Stigma zu bekämpfen, muss sich die Wahrnehmung der psychischen Gesundheit im Bereich der Führung ändern. Dazu gehört die Erkenntnis, dass psychische Probleme nicht mit Schwäche gleichzusetzen sind und dass die Inanspruchnahme von Hilfe das Engagement einer Führungskraft für ihr eigenes Wohlergehen und damit auch für die Gesundheit ihres Unternehmens unter Beweis stellt. Offene Diskussionen über psychische Gesundheit, die von Führungskräften geführt werden, können eine integrative und unterstützende Arbeitsplatzkultur fördern. Dieses Kapitel zielt darauf ab, das Stigma, das psychische Gesundheit in Führungspositionen umgibt, aufzubrechen und für einen empathischeren, verständnisvolleren und gesundheitsorientierten Ansatz in der Führung zu plädieren.

Die Verbesserung und Aufrechterhaltung des psychischen Wohlbefindens ist eine wesentliche Voraussetzung für eine effektive Führung. Es gibt mehrere praktische Strategien, die Führungskräfte anwenden können, um ihre psychische Gesundheit zu verbessern und so zu ihrer allgemeinen Effektivität und der Gesundheit ihrer Teams und Organisationen beizutragen.

- Achtsamkeitspraktiken: Eine der wirksamsten Strategien zur Verbesserung des psychischen Wohlbefindens ist die Praxis der Achtsamkeit. Achtsamkeit bedeutet, präsent zu sein und sich ganz auf den gegenwärtigen Moment einzulassen, was Führungskräften hilft, Stress und Ängste abzubauen. Techniken wie Meditation, tiefe Atemübungen und achtsame

Beobachtung können Führungskräften helfen, ein Gefühl der Ruhe zu entwickeln, sich besser zu konzentrieren und ihre Emotionen besser zu regulieren.

- Suche nach professioneller Unterstützung: Die Suche nach professioneller Unterstützung für die psychische Gesundheit ist von großem Wert. Dazu können Beratung, Therapie oder Coaching durch qualifizierte Fachleute gehören. Diese Dienste bieten den Führungskräften einen vertraulichen Raum, in dem sie ihre Herausforderungen besprechen und Bewältigungsstrategien entwickeln können. Professionelle Unterstützung kann auch neue Perspektiven und Instrumente für den Umgang mit Stress und emotionalem Wohlbefinden bieten.

- Work-Life-Balance: Eine gesunde Work-Life-Balance ist für das psychische Wohlbefinden entscheidend. Führungskräfte sollten sich bemühen, klare Grenzen zwischen ihrem Berufs- und ihrem Privatleben zu ziehen. Dies könnte bedeuten, dass sie bestimmte Arbeitszeiten festlegen, regelmäßige Pausen einlegen und dafür sorgen, dass Zeit für Entspannung und Freizeitaktivitäten eingeplant wird. Ein ausgewogener Lebensstil beugt einem Burnout vor und sorgt dafür, dass Führungskräfte energiegeladen und konzentriert bleiben.

- Förderung eines förderlichen Arbeitsumfelds: Führungskräfte spielen eine Schlüsselrolle bei der Gestaltung des Arbeitsumfelds. Die Schaffung einer unterstützenden und integrativen Arbeitsplatzkultur kann das psychische Wohlbefinden erheblich verbessern. Dazu gehören die Förderung einer offenen Kommunikation über psychische Gesundheit, die Ermutigung von Teammitgliedern, Pausen und Urlaub zu nehmen, und die Bereitstellung von Ressourcen zur Stressbewältigung. Ein unterstützendes Arbeitsumfeld kommt nicht nur der psychischen Gesundheit der Führungskraft zugute, sondern trägt auch zum allgemeinen Wohlbefinden ihres Teams bei.

- Regelmäßige körperliche Aktivität: Regelmäßige körperliche Betätigung ist eine weitere wirksame Methode zur Förderung des psychischen Wohlbefindens. Bei körperlicher Betätigung werden Endorphine freigesetzt, die stimmungsaufhellende Wirkung haben. Außerdem hilft sie bei der Stressbewältigung und verbessert die Schlafqualität. Führungskräfte sollten körperliche Aktivitäten finden, die ihnen Spaß machen, sei es ein täglicher Spaziergang, Yoga oder ein intensiveres Training, und diese in ihre Routine einbauen.

- Gesunde Essgewohnheiten: Die Ernährung spielt eine wichtige Rolle für die geistige Gesundheit. Eine nahrhafte Ernährung kann die Gehirnfunktion und das Energieniveau beeinflussen. Führungskräfte sollten auf eine ausgewogene Ernährung achten, die reich an Obst, Gemüse, Vollkornprodukten und magerem Eiweiß ist, und viel Flüssigkeit zu sich nehmen. Der Verzicht auf übermäßigen Koffein- und Zuckergenuss kann ebenfalls dazu beitragen, den Energielevel über den Tag hinweg stabil zu halten.

Die Umsetzung dieser Strategien erfordert Engagement und Konsequenz. Führungskräfte, die ihr psychisches Wohlbefinden in den Vordergrund stellen, verbessern nicht nur ihre persönliche Lebensqualität, sondern sind auch ein positives Beispiel für ihre Teams und fördern ein gesünderes und produktiveres Arbeitsumfeld. Dieses Kapitel soll Führungskräften praktische Instrumente und Ansätze zur Verbesserung ihres psychischen Wohlbefindens an die Hand geben, das für ihren Erfolg und den Erfolg ihres Unternehmens von grundlegender Bedeutung ist.

Die Schaffung einer Kultur des psychischen Wohlbefindens am Arbeitsplatz ist eine wesentliche Aufgabe für Führungskräfte und erfordert einen umfassenden Ansatz, der verschiedene Strategien und Praktiken integriert. Dazu gehört die Schaffung eines Umfelds, in dem die psychische Gesundheit nicht nur als wichtig anerkannt, sondern auch aktiv unterstützt und gefördert wird.

Die Einführung von Richtlinien zur psychischen Gesundheit ist ein grundlegender Schritt in diesem Prozess. Diese Richtlinien sollten die Haltung der Organisation zur psychischen Gesundheit klar zum Ausdruck bringen und Leitlinien und Ressourcen für den Umgang mit psychischen Problemen bieten. Dies könnte Bestimmungen für Tage der psychischen Gesundheit, den Zugang zu Beratungsdiensten und die Unterstützung von Mitarbeitern, die mit psychischen Problemen zu kämpfen haben, umfassen. Formelle Richtlinien zeigen das Engagement der Organisation und bieten einen strukturierten Ansatz zur Förderung der psychischen Gesundheit.

Die Einführung von Unterstützungsprogrammen für Mitarbeiter ist eine weitere wichtige Strategie. Solche Programme können von vertraulichen Beratungsdiensten, wie sie häufig in Employee Assistance Programs (EAPs) zu finden sind, bis hin zu Workshops zur Stressbewältigung und Achtsamkeit reichen. Durch die Bereitstellung von Ressourcen für die Ausbildung und Schulung im Bereich der psychischen Gesundheit erhalten die Mitarbeiter das Wissen und die Instrumente, um ihr psychisches Wohlbefinden effektiv zu steuern.

Die Entstigmatisierung von Diskussionen über psychische Gesundheit am Arbeitsplatz ist von entscheidender Bedeutung. Führungskräfte können hier eine entscheidende Rolle spielen, indem sie offen über psychische Gesundheit sprechen, ihre Erfahrungen teilen und Gespräche über psychisches Wohlbefinden anregen. Dieser Ansatz trägt dazu bei, die Barrieren der Stigmatisierung abzubauen, und schafft ein sichereres und offeneres Umfeld für die Mitarbeiter, in dem sie ihre psychischen Probleme diskutieren und ansprechen können.

Regelmäßige Kontrollen und die Förderung einer offenen Kommunikation sind entscheidend, um das psychische Wohlbefinden des Teams im Auge zu behalten. Führungskräfte und Manager sollten mit ihren Teammitgliedern regelmäßig Einzelgespräche führen und ihnen eine Plattform bieten, um nicht nur arbeitsbezogene Themen zu besprechen, sondern auch jegliche Unterstützung für die psychische Gesundheit, die sie möglicherweise benötigen.

Flexible Arbeitsregelungen sind auch für die Förderung des psychischen Wohlbefindens von großer Bedeutung. Durch das Angebot flexibler Arbeitszeiten, -orte oder -zeiten können Führungskräfte ihren Mitarbeitern helfen, ihr Berufs- und Privatleben besser zu bewältigen, wodurch Stress reduziert und die Arbeitszufriedenheit erhöht wird.

Ein weiterer wichtiger Aspekt ist die Förderung der Work-Life-Balance. Führungskräfte sollten mit gutem Beispiel vorangehen, indem sie klare Grenzen für die Arbeitszeiten setzen, die Mitarbeiter ermutigen, sich bei Bedarf freizunehmen, und ein Umfeld fördern, in dem Überarbeitung nicht die Norm ist. Die Förderung des Gleichgewichts ist der Schlüssel zur Vorbeugung von Burnout und zur Erhaltung des langfristigen psychischen Wohlbefindens.

Eine Kultur des psychischen Wohlbefindens zu kultivieren, ist ein vielschichtiges Unterfangen. Es erfordert das Engagement und die Maßnahmen der Führungskräfte, um einen Arbeitsplatz zu schaffen, an dem die psychische Gesundheit Priorität hat, unterstützt und in die Struktur des Unternehmenslebens integriert wird. Durch die Umsetzung dieser Strategien können Führungskräfte ein unterstützendes, produktives und gesundes Arbeitsumfeld fördern, von dem nicht nur die Mitarbeiter, sondern das gesamte Unternehmen profitiert.

Im Bereich der Führung gibt es zahlreiche inspirierende Beispiele von Führungspersönlichkeiten, die die Herausforderungen ihres psychischen Wohlbefindens erfolgreich gemeistert haben und daraus wertvolle Lehren und Erkenntnisse ziehen.

Arianna Huffingtons Weg zu einer Verfechterin des psychischen Wohlbefindens und der Work-Life-Balance ist eine überzeugende Fallstudie, die die entscheidende Bedeutung der psychischen Gesundheit in Führungspositionen verdeutlicht.

Huffingtons transformative Erfahrung begann mit einer persönlichen Krise. Als Mitbegründerin der Huffington Post war sie tief in die anspruchsvolle Welt der digitalen Medien eingetaucht und führte einen rasanten und stressigen Lebensstil. Dieses unerbittliche Tempo forderte einen Tribut von ihrer Gesundheit und gipfelte in einem Weckruf: einem Zusammenbruch aufgrund von Erschöpfung, Schlafmangel und Burnout. Dieser Vorfall führte ihr eindringlich vor Augen, welche Folgen es haben kann, wenn man seine geistige und körperliche Gesundheit vernachlässigt, selbst wenn man nach Erfolg strebt.

Nach diesem einschneidenden Ereignis unterzog sich Huffington einer Phase der Neubewertung ihrer Arbeits- und Lebensweise. Sie erkannte, dass ihr Wohlbefinden nicht nur eine persönliche Angelegenheit war, sondern auch erhebliche berufliche Auswirkungen hatte. Diese Erkenntnis löste eine tiefgreifende Veränderung ihres Lebensstils und ihrer Arbeitsgewohnheiten aus. Sie begann, dem Schlaf einen höheren Stellenwert einzuräumen und erkannte, dass er ein grundlegendes Element für Gesundheit und Produktivität ist und nicht nur ein Luxus. Achtsamkeitspraktiken wie Meditation und das bewusste Abschalten von digitalen Geräten wurden zu regelmäßigen Aspekten ihrer Routine. Diese Veränderungen bedeuteten eine Abkehr von der traditionellen 24/7-Arbeitskultur, die in der Unternehmenswelt oft verherrlicht wird.

Huffingtons persönlicher Wandel führte zu einem breiteren Engagement für psychische Gesundheit und Wohlbefinden am Arbeitsplatz. Sie wurde zu einer lautstarken Verfechterin der Notwendigkeit, neu zu definieren, was es bedeutet, in der heutigen Welt erfolgreich zu sein. Für Huffington geht es bei Erfolg nicht nur um berufliche Erfolge, sondern auch um Wohlbefinden, Weisheit, Staunen und das Geben von etwas zurück.

Ihr Engagement für eine gesündere Work-Life-Balance führte zur Gründung von Thrive Global im Jahr 2016. Thrive Global ist ein Unternehmen, das Einzelpersonen und Organisationen bei der Bekämpfung von Stress und Burnout unterstützt. Das Unternehmen bietet wissenschaftlich fundierte Lösungen für Wohlbefinden und Leistung an und betont dabei die Notwendigkeit, den digitalen Konsum zu steuern, eine gesunde

Beziehung zur Technologie zu pflegen und die geistige Gesundheit in den Vordergrund zu stellen.

Arianna Huffingtons Weg und ihre anschließende Arbeit mit Thrive Global unterstreichen, wie wichtig es ist, die psychische Gesundheit von Führungskräften anzuerkennen und zu fördern. Ihre Geschichte dient als starkes Beispiel für Führungskräfte und Organisationen auf der ganzen Welt und zeigt, dass die Pflege des eigenen psychischen Wohlbefindens nicht nur für den Einzelnen von Vorteil ist, sondern auch für nachhaltigen Erfolg und effektive Führung von grundlegender Bedeutung ist. Indem sie ihre Erfahrungen mit anderen teilt und sich für Veränderungen einsetzt, hat Huffington eine breitere Diskussion über die Rolle der psychischen Gesundheit bei der Erzielung von echtem Erfolg sowohl im privaten als auch im beruflichen Bereich angeregt.

Ben Silbermann ist als CEO von Pinterest ein überzeugendes Beispiel dafür, wie Führungskräfte die psychische Gesundheit am Arbeitsplatz aktiv fördern können. Sein Ansatz unterstreicht das sich entwickelnde Verständnis davon, was es bedeutet, in der modernen Geschäftswelt eine erfolgreiche Führungskraft zu sein.

Unter Silbermanns Führung hat Pinterest bemerkenswerte Fortschritte bei der Anerkennung und Behandlung der psychischen Gesundheit gemacht und gezeigt, wie ein Unternehmen Wellness in seine Grundwerte integrieren kann. Silbermann erkannte die oft verborgenen Herausforderungen der psychischen Gesundheit, insbesondere in der unter hohem Druck stehenden Tech-Branche, und führte die Einführung von Wellness-Programmen für Mitarbeiter bei Pinterest an. Diese Programme sind darauf ausgerichtet, die unterschiedlichen Bedürfnisse der Mitarbeiter in Bezug auf ihre psychische Gesundheit zu unterstützen, indem sie ihnen Ressourcen und Tools zur Bewältigung von Stress, Ängsten und anderen psychischen Problemen zur Verfügung stellen.

Ein besonders innovativer Schritt, den Pinterest unter Silbermanns Leitung unternommen hat, war die Einführung von Tagen der geistigen Gesundheit. Diese Tage dienen dazu, den Mitarbeitern eine Auszeit zu gewähren, damit sie sich frei vom Arbeitsdruck auf ihr geistiges Wohlbefinden konzentrieren können. Diese Initiative ist ein deutliches Zeichen für das Engagement des Unternehmens für die allgemeine Gesundheit seiner Mitarbeiter und erkennt an, dass die psychische Gesundheit ebenso wichtig ist wie die körperliche Gesundheit. Durch die Institutionalisierung von Tagen der geistigen Gesundheit erkennt Pinterest an, dass Zeit für die geistige Gesundheit unerlässlich und nicht optional ist.

Silbermanns Führungsstil ist von Empathie und Verständnis geprägt. Er erkennt an, dass das psychische Wohlbefinden der Mitarbeiter nicht losgelöst von ihrer beruflichen Leistung betrachtet werden kann, sondern ein integraler Bestandteil dieser Leistung ist. Durch die Förderung einer Kultur, die die psychische Gesundheit wertschätzt, hat Silbermann dazu beigetragen, ein Umfeld zu schaffen, in dem sich die Mitarbeiter unterstützt und wertgeschätzt fühlen. Dieser Ansatz kommt nicht nur den einzelnen Mitarbeitern zugute, sondern steigert auch die allgemeine Produktivität und Kreativität innerhalb des Unternehmens.

Die Initiativen bei Pinterest spiegeln einen breiteren Wandel in der Einstellung von Unternehmen zur psychischen Gesundheit wider, der von Führungskräften wie Silbermann vorangetrieben wird. Sie zeigen, dass Unternehmen, die konkrete Maßnahmen zur Förderung der psychischen Gesundheit ihrer Mitarbeiter ergreifen, widerstandsfähigere, glücklichere und produktivere Arbeitsplätze schaffen. Ben Silbermanns Ansatz dient als inspirierendes Modell für andere Führungskräfte, da er zeigt, dass die Integration von Maßnahmen zur Förderung der psychischen Gesundheit in die Unternehmensrichtlinien und -kultur sowohl für die Mitarbeiter als auch für das Unternehmen als Ganzes von großem Nutzen sein kann. Seine Führung ist ein Beispiel für einen modernen, einfühlsamen Führungsansatz, bei dem der Erfolg eines Unternehmens als untrennbar mit dem Wohlbefinden seiner Mitarbeiter verbunden angesehen wird.

Die Amtszeit von Satya Nadella als CEO von Microsoft markiert einen bedeutenden Wandel in der Herangehensweise des

Unternehmens an Führung und Unternehmenskultur, insbesondere im Hinblick auf psychisches Wohlbefinden und Empathie. Nadellas persönlicher Werdegang, insbesondere seine Erfahrungen als Elternteil eines Kindes mit besonderen Bedürfnissen, hat seinen Führungsstil tiefgreifend beeinflusst und ihm ein hohes Maß an Empathie und Achtsamkeit verliehen.

Unter Nadellas Führung hat Microsoft einen kulturellen Wandel vollzogen, bei dem das geistige Wohlbefinden einen hohen Stellenwert einnimmt. Weg von der wettbewerbsintensiven Atmosphäre, die den Tech-Giganten einst prägte, hat Nadella Microsoft zu einer Kultur geführt, die Zusammenarbeit, Lernen und das allgemeine Wohlbefinden der Mitarbeiter schätzt. Dieser Wandel spiegelt seinen Glauben an die Kraft der Empathie wider, nicht nur als persönliche Tugend, sondern auch als entscheidendes Element in der Struktur einer effektiven Unternehmensführung.

Eine der wichtigsten Initiativen Nadellas war die Förderung eines Umfelds, in dem sich die Mitarbeiter wohl fühlen, wenn sie ihre Ideen und Herausforderungen mitteilen können, ohne ein Urteil befürchten zu müssen. Diese offene und integrative Atmosphäre fördert die Zusammenarbeit und die Innovation, da sich die Teammitglieder mehr wertgeschätzt und verstanden fühlen. Durch die Förderung einer Kultur des Lernens hat Nadella die Bedeutung der persönlichen und beruflichen Entwicklung betont, zu der auch die Förderung der psychischen Gesundheit gehört.

Nadellas Fokus auf das Wohlbefinden hat sich auf die Umsetzung von Programmen und Richtlinien ausgeweitet, die die psychische Gesundheit der Mitarbeiter unterstützen. Unter seiner Führung hat Microsoft verschiedene Wellness-Programme, Ressourcen für die psychische Gesundheit und Initiativen zur Förderung der Work-Life-Balance eingeführt. Diese Bemühungen zeigen, dass das Wohlbefinden der Mitarbeiter und die Produktivität des Unternehmens eng miteinander verknüpft sind.

Die Auswirkungen dieser Veränderungen waren beträchtlich. Durch die Priorisierung von Empathie und psychischem Wohlbefinden hat Microsoft nicht nur sein Arbeitsumfeld verbessert, sondern auch die Produktivität und Innovation gesteigert. Mitarbeiter, die sich in ihrer psychischen Gesundheit unterstützt fühlen, sind mit größerer Wahrscheinlichkeit engagiert, kreativ und engagiert bei ihrer Arbeit.

Satya Nadellas Führungsstil bei Microsoft ist ein Beweis für das sich entwickelnde Verständnis davon, wie effektive Führung im 21. Jahrhundert aussieht. Jahrhundert aussieht. Sie unterstreicht die Tatsache, dass die Förderung des psychischen Wohlbefindens nicht nur ein moralisches, sondern auch ein strategisches Gebot ist. Nadellas Ansatz zeigt, dass Führungspersönlichkeiten, die Empathie und psychische Gesundheit in den Vordergrund stellen, ihre Organisationen in kooperative, innovative und produktive Einheiten verwandeln können. Sein Weg als Führungskraft dient als starkes Beispiel für andere Unternehmensführer und zeigt, dass der Weg zu Unternehmenserfolg und Innovation untrennbar mit dem Wohlbefinden der Menschen verbunden ist, die ihn vorantreiben.

Diese Beispiele aus dem wirklichen Leben zeigen, welch großen Einfluss Führungskräfte auf ihr eigenes psychisches Wohlbefinden und das ihrer Unternehmen haben können. Indem sie ihre psychische Gesundheit in den Vordergrund stellen und unterstützende Praktiken und Richtlinien einführen, haben diese Führungskräfte ein gesünderes und nachhaltigeres Arbeitsumfeld geschaffen. Ihre Geschichten dienen als eindrucksvolle Beispiele für andere Führungskräfte und zeigen, dass der Umgang mit dem psychischen Wohlbefinden nicht nur für die persönliche Gesundheit wichtig ist, sondern auch eine entscheidende Komponente einer effektiven und mitfühlenden Führung darstellt.

Zum Abschluss dieser Untersuchung des psychischen Wohlbefindens von Führungskräften lassen sich einige wichtige Erkenntnisse gewinnen, die die tiefgreifende Bedeutung dieses Aspekts für eine effektive Führung unterstreichen.

In erster Linie ist das psychische Wohlbefinden ein wesentlicher Faktor für die Fähigkeit einer Führungskraft, effektiv zu arbeiten und zu führen. Die Lektüre dieses Kapitels hat gezeigt, dass es bei

Führungsaufgaben nicht nur um strategische Entscheidungsfindung oder Managementfähigkeiten geht, sondern auch um das Management der eigenen geistigen und emotionalen Gesundheit. Führungskräfte, die ihr psychisches Wohlbefinden in den Vordergrund stellen, sind besser in der Lage, mit dem Druck und den Herausforderungen ihrer Rolle umzugehen, klarere und mitfühlendere Entscheidungen zu treffen und ein positives und produktives Arbeitsumfeld zu schaffen.

Die Auswirkung des psychischen Wohlbefindens einer Führungskraft auf ihr Team und ihre Organisation ist ein wichtiger Diskussionspunkt. Eine psychisch gesunde Führungskraft kann eine positive Arbeitsplatzkultur fördern, die zu höherer Moral, gesteigerter Produktivität und verbesserter Teamdynamik führt. Umgekehrt kann eine Vernachlässigung des psychischen Wohlbefindens zu negativen Ergebnissen führen, nicht nur für die Führungskraft, sondern für das gesamte Unternehmen.

Wir haben auch gesehen, wie wichtig es ist, die Stigmatisierung der psychischen Gesundheit in Führungspositionen zu überwinden. Ein offener Umgang mit Fragen der psychischen Gesundheit und die Schaffung eines unterstützenden Arbeitsumfelds, in dem das psychische Wohlbefinden im Vordergrund steht, können zu widerstandsfähigeren, anpassungsfähigeren und erfolgreicheren Unternehmen führen. Führungskräfte spielen in dieser Hinsicht eine entscheidende Rolle, indem sie mit gutem Beispiel vorangehen und Maßnahmen zur Förderung der psychischen Gesundheit ergreifen.

Das Kapitel enthält auch praktische Strategien zur Verbesserung und Aufrechterhaltung des psychischen Wohlbefindens, von Achtsamkeit und Selbstfürsorge bis hin zur Schaffung eines flexiblen und unterstützenden Arbeitsumfelds. Diese Strategien kommen nicht nur den Führungskräften selbst zugute, sondern sind auch entscheidend für den Aufbau einer Kultur des psychischen Wohlbefindens in Organisationen.

Zusammenfassend lässt sich sagen, dass psychisches Wohlbefinden eine Kernkompetenz von Führungskräften ist, die genauso wichtig ist wie jede technische Fähigkeit oder Erfahrung. Seine Rolle bei der Verbesserung der Qualität der Führung und der Gesundheit von Organisationen kann gar nicht hoch genug eingeschätzt werden. Führungskräfte, die ihr mentales Wohlbefinden ernst nehmen und ihm Priorität einräumen, legen den Grundstein für eine gesunde, produktive und nachhaltige Führungsarbeit. Im weiteren Verlauf des Buches werden die in diesem Kapitel erörterten Erkenntnisse und Strategien den Führungskräften als Leitfaden für die Förderung ihres psychischen Wohlbefindens dienen, was letztlich zu einer effektiveren Führung und einer gesünderen Unternehmenskultur führt.

Kapitel 4: Aufbau von Resilienz: Strategien und Praktiken

In diesem Kapitel befassen wir uns mit dem wichtigen Konzept des Aufbaus von Resilienz, einer Schlüsselkomponente im Arsenal sowohl einzelner Führungskräfte als auch von Organisationen. Resilienz, also die Fähigkeit, sich von Rückschlägen zu erholen, sich an Veränderungen anzupassen und angesichts von Widrigkeiten durchzuhalten, ist nicht nur eine natürliche Eigenschaft, sondern eine Fähigkeit, die entwickelt und gefördert werden kann.

Die Bedeutung der Resilienz in einem persönlichen Kontext liegt auf der Hand. Für Führungskräfte ist die Fähigkeit, sich von Herausforderungen zu erholen und trotz Hindernissen eine positive Einstellung zu bewahren, entscheidend. Es geht dabei um persönliche Stärke, emotionale Kraft und geistige Beweglichkeit. Persönliche Resilienz ermöglicht es Führungskräften, Stress effektiv zu bewältigen, unter Druck bessere Entscheidungen zu treffen und ihre allgemeine Gesundheit und ihr Wohlbefinden zu erhalten.

In einem organisatorischen Kontext hat Resilienz eine breitere Bedeutung. Es geht darum, eine Kultur und ein Umfeld zu schaffen, das nicht nur externem Druck und internen Herausforderungen standhält, sondern auch inmitten dieser Herausforderungen gedeiht. Organisatorische Resilienz ist entscheidend für die Anpassung an die sich ständig verändernde Unternehmenslandschaft, die Bewältigung unvorhergesehener Herausforderungen und die Nutzung neuer Chancen.

Die gute Nachricht ist, dass Resilienz entwickelt werden kann. Durch spezifische Strategien und Praktiken können sowohl

Einzelpersonen als auch Organisationen ihre Fähigkeit zur Resilienz verbessern. Dies umfasst eine Reihe von Ansätzen, die von einer veränderten Denkweise und der Entwicklung emotionaler Intelligenz bis hin zu praktischen Stressbewältigungstechniken und organisatorischen Maßnahmen zur Förderung der Resilienz reichen.

In den folgenden Abschnitten dieses Kapitels werden wir diese Strategien und Praktiken im Detail untersuchen. Wir werden untersuchen, wie der Einzelne seine persönliche Resilienz fördern kann und wie Führungskräfte eine resiliente Kultur in ihren Organisationen kultivieren können. Das Kapitel enthält auch Beispiele aus der Praxis und Fallstudien, die zeigen, wie diese resilienzfördernden Strategien in verschiedenen Bereichen erfolgreich umgesetzt wurden.

Ziel ist es, einen umfassenden Leitfaden zur Resilienz zu erstellen, der den Lesern das Wissen und die Werkzeuge an die Hand gibt, um diese wesentliche Eigenschaft aufzubauen und zu erhalten. Ganz gleich, ob Sie Ihre eigene Resilienz stärken oder sie in Ihrem Team oder Ihrer Organisation fördern wollen, dieses Kapitel bietet Ihnen wertvolle Einblicke und praktische Ratschläge, die Sie auf Ihrem Weg unterstützen.

Um die persönliche Resilienz zu stärken, kann der Einzelne eine Reihe von Techniken anwenden, die seine Stärke, Anpassungsfähigkeit und emotionale Ausgeglichenheit fördern. Diese Methoden sind ausschlaggebend für die Verbesserung der Fähigkeit, Herausforderungen zu bewältigen und sich angesichts von Widrigkeiten zu behaupten.

1. Entwicklung einer Wachstumsmentalität: Eine zentrale Rolle beim Aufbau von Resilienz spielt die Entwicklung einer Wachstumsmentalität - die Überzeugung, dass Fähigkeiten und Intelligenz mit der Zeit entwickelt werden können. Diese Denkweise ermutigt dazu, Herausforderungen als Chancen zum Lernen und Wachsen zu sehen und nicht als unüberwindbare Hindernisse. Durch eine wachstumsorientierte Denkweise wird der Einzelne offener

für neue Erfahrungen, anpassungsfähiger gegenüber Veränderungen und ausdauernder gegenüber Schwierigkeiten.

2. Stressbewältigungstechniken: Eine wirksame Stressbewältigung ist ein Eckpfeiler der Resilienz. Techniken wie tiefe Atemübungen, Achtsamkeitsmeditation und progressive Muskelentspannung können helfen, die körperlichen und emotionalen Auswirkungen von Stress zu mildern. Die regelmäßige Anwendung dieser Techniken kann zu einer besseren Konzentration, weniger Angst und einem größeren Gefühl der Ruhe und Kontrolle führen.

3. Aufbau emotionaler Intelligenz: Emotionale Intelligenz (EI) ist die Fähigkeit, die eigenen Emotionen und die Emotionen anderer zu verstehen und zu steuern. Die Entwicklung von EI beinhaltet die Verbesserung von Fähigkeiten wie Selbstwahrnehmung, Empathie und Emotionsregulierung. Durch den Aufbau emotionaler Intelligenz kann der Einzelne emotionale Herausforderungen besser bewältigen, positive Beziehungen pflegen und effektiver auf Stresssituationen reagieren.

4. Selbstfürsorge praktizieren: Selbstfürsorge ist entscheidend für die Aufrechterhaltung des geistigen und emotionalen Wohlbefindens. Sie umfasst Aktivitäten, die Geist und Körper nähren und regenerieren, wie ausreichender Schlaf, regelmäßige körperliche Betätigung, gesunde Ernährung und die Ausübung von Hobbys und Interessen. Zeit für Entspannung und Reflexion ist ebenfalls ein wesentlicher Bestandteil der Selbstfürsorge. Indem man der Selbstfürsorge Priorität einräumt, kann man seine Energie und sein Wohlbefinden aufrechterhalten, die für die Widerstandsfähigkeit unerlässlich sind.

5. Bei Bedarf um Unterstützung bitten: Zum Aufbau von Resilienz gehört es, zu erkennen, wann man sich Unterstützung von anderen holen sollte. Dazu kann es gehören, sich an Freunde, Familie, Kollegen oder Fachleute für psychische Gesundheit zu wenden, um Rat und Hilfe zu

erhalten. Die Suche nach Unterstützung ist kein Zeichen von Schwäche, sondern vielmehr eine Anerkennung der Bedeutung sozialer Beziehungen und professioneller Hilfe bei der Bewältigung von Herausforderungen im Leben.

Durch die Integration dieser Techniken in das tägliche Leben kann der Einzelne seine persönliche Widerstandsfähigkeit verbessern. Diese Resilienz wird dann zu einem mächtigen Werkzeug, um die Höhen und Tiefen des Lebens zu meistern und gestärkt und leistungsfähiger aus Herausforderungen hervorzugehen. In diesem Abschnitt des Kapitels wird jede dieser Techniken näher beleuchtet und es werden praktische Anleitungen gegeben, wie sie wirksam eingesetzt werden können, um die individuelle Resilienz aufzubauen und zu erhalten.

Auf dem Weg zu einer resilienten Belegschaft spielen Unternehmen eine entscheidende Rolle bei der Gestaltung eines Umfelds, das die Resilienz der Mitarbeiter fördert und stärkt. Eine resiliente Organisationskultur ist eine Kultur, die nicht nur Herausforderungen standhält, sondern auch aus ihnen lernt und wächst. Um eine solche Kultur zu fördern, können Unternehmen eine Reihe von Strategien anwenden.

• Schaffung unterstützender Richtlinien: Die Grundlage einer belastbaren Organisation ist die Einführung von unterstützenden Maßnahmen, die die unterschiedlichen Bedürfnisse der Mitarbeiter anerkennen und berücksichtigen. Dazu gehören flexible Arbeitsregelungen, die eine bessere Vereinbarkeit von Beruf und Privatleben ermöglichen, umfassende Gesundheits- und Wellness-Programme sowie Regelungen für Tage der psychischen Gesundheit. Darüber hinaus tragen Maßnahmen, die eine offene Kommunikation fördern und Möglichkeiten für Feedback bieten, zu einem Gefühl der Inklusion und Zugehörigkeit bei, das für die Resilienz unerlässlich ist.

• Trainingsprogramme für Resilienz anbieten: Die Durchführung von Trainingsprogrammen, die sich auf den Aufbau von Resilienzfähigkeiten konzentrieren, ist ein proaktiver Weg, um Mitarbeiter mit den Werkzeugen auszustatten, die sie benötigen, um Stress zu bewältigen und sich an Veränderungen anzupassen. Diese Programme können Bereiche wie Stressbewältigungstechniken, emotionale Intelligenz, Konfliktlösung und effektive Kommunikation abdecken. Durch Investitionen in solche Schulungen helfen Unternehmen ihren Mitarbeitern, die Fähigkeiten zu entwickeln, mit denen sie berufliche und persönliche Herausforderungen besser bewältigen können.

- Aufbau starker Unterstützungsnetze: Die Förderung der Bildung von Unterstützungsnetzen innerhalb der Organisation kann die Widerstandsfähigkeit erheblich verbessern. Dies kann durch Mentorenprogramme, Peer-Support-Gruppen und teambildende Maßnahmen erreicht werden. Solche Netzwerke bieten den Mitarbeitern eine Plattform, um Erfahrungen auszutauschen, Unterstützung anzubieten und zu erhalten und voneinander zu lernen. Das Wissen, dass es innerhalb des Unternehmens eine unterstützende Gemeinschaft gibt, kann ein Gefühl der Sicherheit und Zugehörigkeit fördern, was in Zeiten von Stress oder Unsicherheit von entscheidender Bedeutung ist.

- Förderung einer Kultur des kontinuierlichen Lernens: Widerstandsfähige Organisationen zeichnen sich häufig durch eine Kultur des kontinuierlichen Lernens und Wachstums aus. Die Schaffung von Möglichkeiten zur beruflichen Weiterentwicklung, die Förderung von Innovation und Kreativität sowie die Anerkennung und Belohnung von Lernanstrengungen sind Möglichkeiten, diese Kultur zu kultivieren. Ein solches Umfeld sorgt nicht nur dafür, dass die Mitarbeiter engagiert und motiviert bleiben, sondern auch dafür, dass die Organisation als Ganzes anpassungsfähig und zukunftsorientiert bleibt.

- Die Rolle von Führungskräften bei der Modellierung von Resilienz: Das Verhalten und die Einstellung der Führungskräfte haben einen erheblichen Einfluss auf die

Unternehmenskultur. Führungskräfte, die Resilienz zeigen, Empathie zeigen und offen über psychische Gesundheit und Wohlbefinden sprechen, sind ein starkes Vorbild für ihre Teams. Indem sie Resilienz vorleben, können sie ihre Mitarbeiter zu einer ähnlichen Haltung inspirieren und so eine resiliente Unternehmenskultur stärken.

Durch die Integration dieser Strategien können Organisationen ein Umfeld schaffen, das nicht nur das aktuelle Wohlbefinden der Mitarbeiter fördert, sondern sie auch für künftige Herausforderungen rüstet. Dieser Ansatz zur Förderung einer resilienten Kultur kommt nicht nur den Mitarbeitern auf persönlicher Ebene zugute, sondern verbessert auch die allgemeine Stärke, Anpassungsfähigkeit und Nachhaltigkeit des Unternehmens.

Die Rolle von Führungskräften bei der Förderung von Resilienz in Teams und im gesamten Unternehmen ist entscheidend und vielschichtig. Führungskräfte haben die einzigartige Fähigkeit, durch ihren Führungsstil, ihre Kommunikationsmethoden und ihr allgemeines Verhalten die Entwicklung einer resilienten Kultur zu beeinflussen, zu gestalten und voranzutreiben.

Der Führungsstil spielt eine wichtige Rolle bei der Förderung der Resilienz. Führungskräfte, die einen transformationalen Führungsstil pflegen, der sich durch Inspiration, Motivation und Unterstützung auszeichnet, neigen dazu, die Resilienz ihrer Teammitglieder zu fördern. Solche Führungskräfte befähigen ihre Teams, fördern Innovation und Kreativität und bieten die nötige Unterstützung, um Risiken einzugehen und Herausforderungen zu bewältigen. Umgekehrt kann ein autoritärer Führungsstil, der mit Mikromanagement und mangelnder Autonomie der Teammitglieder einhergeht, die Entwicklung von Resilienz behindern, indem er die Kreativität unterdrückt und die Fähigkeit der Mitarbeiter einschränkt, Herausforderungen eigenständig zu bewältigen.

Kommunikation ist ein weiteres entscheidendes Element bei der Entwicklung organisatorischer Resilienz. Führungskräfte, die offen, transparent und einfühlsam kommunizieren, schaffen ein Umfeld, in dem sich die Teammitglieder wertgeschätzt, verstanden und unterstützt fühlen. Diese Art der Kommunikation fördert das Vertrauen und ermutigt die Mitarbeiter, ihre Ideen, Bedenken und Herausforderungen zu äußern, wodurch ein geschlosseneres und widerstandsfähigeres Team entsteht. Im Gegensatz dazu kann schlechte Kommunikation zu Missverständnissen, Misstrauen und mangelnder Abstimmung innerhalb des Teams führen, was wiederum die Widerstandsfähigkeit des Teams beeinträchtigen kann.

Das Verhalten von Führungskräften, insbesondere in Krisenzeiten oder bei Herausforderungen, gibt den Ton für den Rest der Organisation an. Führungskräfte, die in schwierigen Zeiten ruhig, gelassen und entschlossen bleiben, demonstrieren gelebte Resilienz. Dieses Verhalten kann Teammitglieder inspirieren und motivieren, eine ähnliche Haltung einzunehmen. Darüber hinaus können Führungskräfte, die sich verletzlich zeigen, z. B. indem sie Fehler zugeben oder ihre eigenen Stressprobleme eingestehen, diese Erfahrungen normalisieren und andere ermutigen, bei Bedarf Unterstützung zu suchen, und so zu einem widerstandsfähigeren Arbeitsplatz beitragen.

Die Art und Weise, wie Führungskräfte mit Veränderungen und Ungewissheit umgehen, wirkt sich auch auf die Widerstandsfähigkeit der Organisation aus. Führungskräfte, die dem Wandel mit einer positiven Einstellung, Anpassungsfähigkeit und einer vorausschauenden Denkweise begegnen, können ihre Organisationen effektiver durch Übergänge führen. Dieser Ansatz hilft den Teams, den Wandel als Chance für Wachstum und nicht als Bedrohung zu sehen, was ihre Anpassungsfähigkeit und Widerstandsfähigkeit erhöht.

Zusammenfassend lässt sich sagen, dass Führungskräfte eine wichtige Rolle bei der Förderung der Resilienz in ihren Organisationen spielen. Durch ihren Führungsstil, ihre Kommunikation und ihr Verhalten können sie eine Kultur aufbauen und erhalten, die Herausforderungen annimmt, sich an Veränderungen anpasst und sich schnell von Rückschlägen erholt.

Wenn Führungskräfte die Bedeutung ihrer Rolle bei der Förderung von Resilienz erkennen, können sie das Wohlbefinden und die Leistung ihrer Teams positiv beeinflussen und den langfristigen Erfolg und die Nachhaltigkeit ihrer Organisationen sicherstellen.

Beispiele aus dem wirklichen Leben bieten wertvolle Einblicke in die effektive Anwendung dieser Prinzipien in verschiedenen organisatorischen Kontexten. Diese Fallstudien stellen Führungskräfte und Organisationen vor, die erfolgreich eine Kultur der Resilienz aufgebaut und aufrechterhalten haben, und analysieren die von ihnen angewandten Strategien sowie die Auswirkungen auf ihre Leistung und ihren Erfolg.

Fallstudie 1: Neuseelands Premierministerin, Jacinda Ardern

Jacinda Arderns Führungsqualitäten während mehrerer Krisen, darunter die Schießerei in der Moschee von Christchurch und die COVID-19-Pandemie, sind ein überzeugendes Beispiel für Resilienz. Arderns einfühlsamer und transparenter Kommunikationsstil sowie ihr entschlossenes Handeln trugen dazu bei, bei den Neuseeländern ein Gefühl der Einheit, Ruhe und Widerstandsfähigkeit zu fördern. Ihre Herangehensweise an diese Krisen hat gezeigt, wie mitfühlende Führung, klare Kommunikation und die Konzentration auf das kollektive Wohlergehen die nationale Widerstandsfähigkeit angesichts von Widrigkeiten stärken können.

Fallstudie 2: Googles Projekt Aristoteles

Googles Projekt Aristoteles, das die Effektivität seiner Teams untersuchte, bietet Einblicke in die Widerstandsfähigkeit von Organisationen. Das Projekt ergab, dass die erfolgreichsten Teams diejenigen waren, die ein hohes Maß an psychologischer Sicherheit, einer Form der Resilienz, aufwiesen. Google führte daraufhin Strategien zur Förderung der psychologischen Sicherheit ein, wie z. B. die Förderung eines offenen Dialogs und die Vermittlung von Empathie. Diese Initiative führte zu einer Verbesserung der Teamleistung, der Innovation und der

Widerstandsfähigkeit, was die Bedeutung der psychologischen Sicherheit für den Aufbau eines widerstandsfähigen Unternehmens verdeutlicht.

Fallstudie 3: Der kulturelle Wandel bei Microsoft

Unter der Führung von Satya Nadella vollzog Microsoft einen kulturellen Wandel, bei dem die Widerstandsfähigkeit im Vordergrund stand. Nadella veränderte die Unternehmenskultur von einem internen Wettbewerb zu einer Kultur, die auf Wachstum, Zusammenarbeit und Empathie ausgerichtet ist. Dieser Wandel beinhaltete die Förderung eines Wachstumsdenkens, die Ermutigung zur Risikobereitschaft und zum Lernen aus Fehlern sowie die Förderung eines integrativen Arbeitsumfelds. Infolgedessen verzeichnete Microsoft erhebliche Verbesserungen bei Mitarbeiterengagement, Innovation und finanzieller Leistung, was die Auswirkungen einer auf Resilienz ausgerichteten Kultur auf den Unternehmenserfolg verdeutlicht.

Fallstudie 4: Starbucks' Reaktion auf die Krise

Die Reaktion von Starbucks auf verschiedene Krisen, einschließlich des wirtschaftlichen Abschwungs 2008 und der jüngsten Herausforderungen, ist ein Beispiel für eine widerstandsfähige Führung. Der Fokus des Unternehmens auf das Wohlbefinden der Mitarbeiter, die Kundenzufriedenheit und die Unterstützung der Gemeinschaft half dem Unternehmen, diese schwierigen Zeiten zu überstehen. Starbucks setzte Strategien zur Stärkung der Widerstandsfähigkeit um, wie z. B. die Aufrechterhaltung von Mitarbeitervergünstigungen in wirtschaftlich schwierigen Zeiten und die Fokussierung auf das Engagement in der Gemeinschaft, wodurch die Markentreue und das Engagement der Mitarbeiter gestärkt wurden, was zum anhaltenden Erfolg des Unternehmens beitrug.

In diesen Fallstudien wird aufgezeigt, wie verschiedene Führungskräfte und Organisationen Strategien zur Stärkung der Resilienz umgesetzt haben und welche positiven Ergebnisse diese Bemühungen erbracht haben. Ob durch die Förderung der psychologischen Sicherheit, einer wachstumsorientierten Denkweise oder der Betonung von Empathie und Gemeinschaft - diese Beispiele zeigen, dass Resilienz ein wichtiger Faktor für eine erfolgreiche Führung und ein gesundes Unternehmen ist. Die aus diesen Fallstudien gezogenen Lehren bieten Führungskräften, die Resilienz in ihren eigenen Teams und Organisationen kultivieren wollen, wertvolle Anhaltspunkte.

Resilienz spielt eine entscheidende Rolle, wenn es darum geht, Organisationen durch Zeiten des Wandels und der Widrigkeiten zu führen. Im heutigen schnelllebigen und oft unvorhersehbaren Geschäftsumfeld ist es die Fähigkeit, sich anzupassen und angesichts von Herausforderungen zu gedeihen, die resiliente Organisationen von anderen unterscheidet.

In Zeiten des Wandels, sei es aufgrund von technologischen Fortschritten, Marktveränderungen oder internen Umstrukturierungen, wirkt Resilienz wie ein Puffer, der Organisationen hilft, die Auswirkungen zu absorbieren und sich besser zu erholen. Resiliente Unternehmen zeichnen sich durch ihre Flexibilität, Anpassungsfähigkeit und ihren proaktiven Umgang mit Veränderungen aus. Sie betrachten den Wandel nicht als Bedrohung, sondern als Chance für Wachstum und Verbesserung. Diese Sichtweise ermöglicht es ihnen, ihre Strategien schnell zu ändern, innovative Lösungen zu übernehmen und der Zeit immer einen Schritt voraus zu sein.

In schwierigen Zeiten, wie z. B. bei wirtschaftlichem Abschwung, Krisen oder unerwarteten Rückschlägen, wird die Widerstandsfähigkeit einer Organisation auf die Probe gestellt. Gerade in diesen schwierigen Zeiten zeigt sich die wahre Stärke der Kultur, der Führung und der Systeme einer Organisation. Widerstandsfähige Organisationen verfügen über ein starkes Fundament, einschließlich einer soliden Führung, klarer Kommunikationskanäle und einer unterstützenden Kultur, die es ihnen ermöglichen, Stürmen effektiv zu trotzen. Diese Organisationen sind in der Lage, schwierige Entscheidungen zu treffen, ihre Mitarbeiter zu mobilisieren und sich weiterhin auf ihre Grundwerte und ihre langfristige Vision zu konzentrieren.

Ein Schlüsselaspekt der Widerstandsfähigkeit in Zeiten des Unglücks ist die Fähigkeit, aus den Erfahrungen zu lernen und sich anzupassen. Resiliente Organisationen nutzen Herausforderungen als Lerngelegenheiten und analysieren, was schief gelaufen ist, was funktioniert hat und wie sie sich verbessern können. Dieser Ansatz des kontinuierlichen Lernens gewährleistet, dass sie sich nicht nur von der aktuellen Situation erholen, sondern auch besser auf künftige Herausforderungen vorbereitet sind.

Ein weiterer wichtiger Faktor ist die Unterstützung und Beteiligung der Mitarbeiter. In widerstandsfähigen Organisationen sind die Mitarbeiter auf allen Ebenen engagiert und am Erfolg des Unternehmens beteiligt. Es herrscht ein Gefühl der kollektiven Verantwortung und ein gemeinsames Engagement für die Bewältigung von Herausforderungen. Die Führung in diesen Organisationen ist transparent, kommunikativ und unterstützend und fördert ein Gefühl der Einheit und Zielstrebigkeit unter den Mitarbeitern.

Widerstandsfähigkeit ist ein entscheidender Vorteil für Organisationen, insbesondere in Zeiten des Wandels und der Widrigkeiten. Sie ermöglicht es ihnen, Unsicherheiten zu überwinden, sich an neue Gegebenheiten anzupassen und gestärkt daraus hervorzugehen. Die Erkenntnisse darüber, wie resiliente Organisationen sich in schwierigen Zeiten anpassen und gedeihen, bieten wertvolle Lektionen für alle Organisationen, die Resilienz als Kernkompetenz kultivieren wollen. Indem sie sich auf Flexibilität, Lernen, Mitarbeiterengagement und eine starke Führung konzentrieren, können Unternehmen die nötige Widerstandsfähigkeit aufbauen, um in einer sich ständig verändernden Geschäftswelt erfolgreich zu sein.

Der Aufbau von Resilienz, sowohl auf individueller als auch auf organisatorischer Ebene, kann durch den Einsatz einer Vielzahl von Instrumenten, Ressourcen und Übungen erheblich verbessert werden. Diese Hilfsmittel können die notwendige Unterstützung und Anleitung für die Entwicklung von Resilienzfähigkeiten und die Förderung einer Resilienzkultur innerhalb einer Organisation bieten.

Für Einzelpersonen

- Achtsamkeits- und Meditations-Apps: Apps wie Headspace, Calm und Insight Timer bieten geführte Meditationen und Achtsamkeitsübungen, die helfen können, Stress zu bewältigen und das emotionale Gleichgewicht zu verbessern.

- Resilienz-Arbeitsbücher und -Journale: Hilfsmittel wie das Arbeitsbuch "Resilience Factor" oder auf Resilienz ausgerichtete Tagebücher können Einzelpersonen durch Übungen und Reflexionen führen, die darauf abzielen, Resilienz aufzubauen.

- Online-Kurse und Workshops: Plattformen wie Coursera, Udemy oder LinkedIn Learning bieten Kurse zu Stressmanagement, emotionaler Intelligenz und Resilienzaufbau an.

- Programme für körperliche Betätigung: Regelmäßige körperliche Betätigung, sei es Yoga, Laufen oder Mannschaftssport, kann ein wirksames Mittel zur Stressbewältigung und zum Aufbau von Widerstandsfähigkeit sein.

- Unterstützungsnetzwerke: Der Aufbau eines Unterstützungsnetzes, einschließlich Freunden, Familie oder Peer-Selbsthilfegruppen, kann emotionale Unterstützung und Beratung bieten.

Für Organisationen

- Hilfsprogramme für Mitarbeiter (EAPs): Der Zugang zu Beratungs- und psychosozialen Diensten kann Mitarbeiter bei der Bewältigung persönlicher und beruflicher Herausforderungen unterstützen.

- Workshops zum Thema Resilienz: In Workshops, die von Fachleuten durchgeführt werden, können den Mitarbeitern Strategien zum Aufbau von Resilienz und zur Bewältigung von Stress am Arbeitsplatz vermittelt werden.

- Teambuilding-Retreats und -Aktivitäten: Die Organisation von Klausurtagungen oder Aktivitäten, die sich auf den Aufbau von Vertrauen, Zusammenarbeit und Kommunikation konzentrieren, kann die Widerstandsfähigkeit eines Teams stärken.

- Programme zur Entwicklung von Führungskräften: Programme, die sich auf die Entwicklung einer einfühlsamen und anpassungsfähigen Führung konzentrieren, können die allgemeine Widerstandsfähigkeit der Organisation verbessern.

- Ressourcen-Bibliotheken: Die Einrichtung einer internen Bibliothek mit Ressourcen zum Thema Resilienz, darunter Bücher, Artikel und Videos, kann den Mitarbeitern Hilfsmittel und Informationen zur Selbsthilfe an die Hand geben.

- Wellness-Programme: Initiativen wie Wellness-Wettbewerbe, Gesundheitsuntersuchungen und Fitnesskurse können zum körperlichen und geistigen Wohlbefinden der Mitarbeiter beitragen.

- Feedback- und Kommunikationsplattformen: Instrumente, die eine offene Kommunikation und ein offenes Feedback erleichtern, wie z. B. regelmäßige Umfragen oder Vorschlagskästen, können dabei helfen, Bereiche zu ermitteln, in denen Unterstützung benötigt wird, und kontinuierliche Verbesserungen vorzunehmen.

Durch die Nutzung dieser Instrumente und Ressourcen können Einzelpersonen und Organisationen die Fähigkeiten und Strategien entwickeln, die für den Aufbau und die Aufrechterhaltung der Resilienz erforderlich sind. Diese Hilfsmittel bieten praktische Möglichkeiten, die Fähigkeit zu verbessern, Herausforderungen zu bewältigen, sich an Veränderungen anzupassen und gestärkt aus Widrigkeiten hervorzugehen.

Bei der Zusammenfassung der wichtigsten Strategien zum Aufbau von Resilienz wird deutlich, dass die Förderung dieser wesentlichen Eigenschaft einen vielschichtigen Ansatz erfordert, sowohl auf individueller als auch auf organisatorischer Ebene.

Auf individueller Ebene beinhaltet der Aufbau von Resilienz die Entwicklung einer Wachstumsmentalität, die Herausforderungen als Chance zum Lernen und zur Entwicklung begreift. Wirksame Stressbewältigungstechniken wie Achtsamkeit und körperliche Bewegung spielen eine entscheidende Rolle bei der Erhaltung des emotionalen Gleichgewichts und der geistigen Klarheit. Die Verbesserung der emotionalen Intelligenz ist ebenfalls von entscheidender Bedeutung, da sie es dem Einzelnen ermöglicht, seine eigenen Emotionen und die anderer zu verstehen und zu steuern. Darüber hinaus sind Selbstfürsorge und das Aufsuchen von Unterstützung bei Bedarf von grundlegender Bedeutung für die persönliche Resilienz. Diese Strategien tragen gemeinsam zu einer resilienten Denkweise bei, die es dem Einzelnen ermöglicht, die Höhen und Tiefen des Lebens mit größerer Leichtigkeit und Zuversicht zu meistern.

Für Unternehmen bedeutet die Schaffung einer Resilienzkultur, dass sie unterstützende Maßnahmen und Praktiken einführen, die eine gesunde Work-Life-Balance fördern und Ressourcen für das psychische Wohlbefinden bereitstellen. Das Angebot von Resilienz-Trainingsprogrammen und der Aufbau starker Unterstützungsnetzwerke innerhalb der Organisation können die Mitarbeiter befähigen, Stress zu bewältigen und sich effektiv an Veränderungen anzupassen. Führungskräfte, die Resilienz vorleben und eine offene Kommunikation sowie eine Kultur des kontinuierlichen Lernens fördern, treiben die Entwicklung der organisatorischen Resilienz voran. Eine solche Kultur hilft nicht nur dabei, Zeiten des Wandels und der Widrigkeiten zu bewältigen, sondern steigert auch die allgemeine Produktivität und Arbeitszufriedenheit.

Der Aufbau von Resilienz ist eine kontinuierliche Reise, keine einmalige Anstrengung. Sie erfordert kontinuierliche Übung und Engagement, sowohl von Einzelpersonen als auch von Organisationen. Die Vorteile einer resilienten Denkweise erstrecken sich auf verschiedene Aspekte des Lebens und der Arbeit und tragen zu einem besseren Wohlbefinden, stärkeren Beziehungen und höherer Leistung bei. Für Unternehmen ist eine resiliente Kultur ein entscheidender Faktor für Erfolg und Nachhaltigkeit, da sie es ihnen ermöglicht, sich in einem sich ständig verändernden Geschäftsumfeld anzupassen und zu gedeihen.

Die in diesem Kapitel skizzierten Strategien und Praktiken bieten einen Fahrplan für den Aufbau von Resilienz. Durch die Anwendung dieser Ansätze können Einzelpersonen und Organisationen die Stärke und Flexibilität kultivieren, die sie benötigen, um Herausforderungen mit Zuversicht zu begegnen und gestärkt aus ihnen hervorzugehen. Resilienz ist also nicht nur eine Fähigkeit, sondern eine Lebensweise, die für persönliches Wachstum und organisatorischen Erfolg unerlässlich ist.

Kapitel 5: Führen mit Einfühlungsvermögen und emotionaler Intelligenz

In der modernen Führungslandschaft haben sich Empathie und emotionale Intelligenz (EI) als entscheidende Kompetenzen herauskristallisiert und unser Verständnis davon, was es bedeutet, eine effektive Führungskraft zu sein, neu gestaltet. In diesem Kapitel werden die Konzepte der Empathie und der emotionalen Intelligenz vorgestellt und ihre zunehmende Bedeutung und zentrale Rolle in der heutigen Führungsdynamik untersucht.

Empathie, die Fähigkeit, die Gefühle eines anderen zu verstehen und zu teilen, ist mehr als nur eine zwischenmenschliche Fähigkeit; sie ist ein Eckpfeiler effektiver Führung. In der schnelllebigen und oft unpersönlichen Geschäftswelt erweist sich Empathie als Schlüsselfaktor für den Aufbau sinnvoller Beziehungen zu Teammitgliedern, für das Verständnis der Kundenbedürfnisse und für die Bewältigung der komplizierten menschlichen Beziehungen am Arbeitsplatz. Sie ermöglicht es Führungskräften, ein Umfeld des Vertrauens und des Verständnisses zu schaffen, das eine offene Kommunikation und einen stärkeren Zusammenhalt des Teams fördert.

Emotionale Intelligenz, die eng mit Empathie verbunden ist, umfasst ein breiteres Spektrum an Fähigkeiten und Eigenschaften. Sie umfasst die Selbstwahrnehmung, d. h. die Fähigkeit, die eigenen Emotionen zu verstehen, die Selbstregulierung, d. h. die Fähigkeit, mit diesen Emotionen umzugehen, die Motivation, die über Geld und Status hinausgeht, das Einfühlungsvermögen in die Gefühle anderer und soziale Fähigkeiten wie das Management von Beziehungen und den Aufbau von Netzwerken. Im Bereich der Führung ist die EI aus mehreren Gründen von entscheidender Bedeutung. Sie verbessert die Fähigkeit einer Führungskraft, fundierte, emotional ausgewogene Entscheidungen zu treffen, Stress effektiv zu bewältigen, Konflikte zu lösen und ihre Teams zu inspirieren und zu motivieren.

Die zunehmende Bedeutung dieser Qualitäten in der Führung ist auf die wachsende Erkenntnis zurückzuführen, dass technische Fähigkeiten und kognitive Intelligenz allein für eine erfolgreiche Führung nicht ausreichen. Die dynamischen Herausforderungen der modernen Geschäftswelt erfordern Führungskräfte, die die emotionalen und relationalen Aspekte des Arbeitsplatzes ebenso geschickt handhaben können wie operative und strategische Fragen. Führungskräfte mit einem hohen Maß an Empathie und EI sind besser in der Lage, die Bedürfnisse ihrer vielfältigen Belegschaft zu verstehen und zu erfüllen, eine positive Arbeitskultur zu fördern und ihre Organisationen auf nachhaltige und ethische Weise zum Erfolg zu führen.

Einfühlungsvermögen und emotionale Intelligenz tragen wesentlich zum Unternehmenserfolg bei. Sie tragen dazu bei, belastbare, anpassungsfähige und engagierte Teams aufzubauen, die Mitarbeiterzufriedenheit und -bindung zu erhöhen und die Gesamtleistung des Unternehmens zu verbessern. In diesem Kapitel werden wir uns eingehender mit dem Wesen dieser Fähigkeiten befassen, untersuchen, wie sie entwickelt und gestärkt werden können, und ihren tiefgreifenden Einfluss auf die Effektivität von Führungskräften und die Gesundheit von Organisationen untersuchen.

Empathie in der Führung ist eine nuancierte und wichtige Fähigkeit, die sich grundlegend von Sympathie unterscheidet, aber oft mit ihr verwechselt wird. Im Kontext der Führung ist Empathie die Fähigkeit, die Gefühle einer anderen Person zu verstehen und zu teilen, Situationen aus deren Perspektive zu sehen und mit emotionaler Sensibilität zu reagieren. Es geht nicht nur darum, Emotionen bei anderen zu erkennen, sondern es geht um eine tiefere Ebene des Engagements und des Verständnisses.

Sympathie ist zwar mit Empathie verwandt, aber es geht eher darum, Mitgefühl oder Trauer für die Nöte einer anderen Person zu empfinden. Sympathie wahrt eine emotionale Distanz; es geht eher darum, für jemanden zu fühlen, als mit ihm zu fühlen, was der Kern der Empathie ist. In der Führung geht Empathie über das bloße Anerkennen der Herausforderungen oder Gefühle eines Teammitglieds hinaus. Es geht darum, sich aktiv in die Lage des anderen hineinzuversetzen, seinen Standpunkt zu verstehen und auf eine Weise zu reagieren, die seine Sichtweise anerkennt.

Die Auswirkungen von Empathie auf die Beziehung zwischen Führungskräften und ihren Teams sind tiefgreifend. Einfühlsame Führungskräfte sind in der Lage, eine engere Verbindung zu ihren Teammitgliedern aufzubauen. Diese Verbindung fördert Vertrauen und Offenheit und schafft ein Umfeld, in dem sich die Teammitglieder wertgeschätzt und verstanden fühlen. Wenn Mitarbeiter das Gefühl haben, dass ihre Führungskraft ihre Herausforderungen und Perspektiven wirklich versteht, entsteht ein Gefühl der Loyalität und des Vertrauens.

Einfühlungsvermögen spielt auch eine entscheidende Rolle beim Aufbau von Verständnis innerhalb eines Teams. Führungskräfte, die Empathie zeigen, können Konflikte effektiver schlichten, Lösungen aushandeln und sicherstellen, dass alle Stimmen gehört und berücksichtigt werden. Dies ist besonders wichtig in heterogenen Teams, in denen unterschiedliche Sichtweisen, Erfahrungen und kulturelle Hintergründe zu Missverständnissen führen können. Eine einfühlsame Führungskraft kann diese Kluft überbrücken und dafür sorgen, dass sich die Teammitglieder respektiert und einbezogen fühlen.

Einfühlsame Führung verbessert die allgemeine Moral und Arbeitszufriedenheit eines Teams. Wenn Teammitglieder das Gefühl haben, dass ihre emotionalen Bedürfnisse erfüllt werden und dass sie als ganze Personen und nicht nur als Arbeiter behandelt werden, erhöht sich ihr Engagement und ihr Einsatz für ihre Arbeit. Einfühlsame Führungskräfte schaffen oft Loyalität und können eine positive, unterstützende Arbeitsplatzkultur fördern.

Einfühlungsvermögen in der Führung ist nicht nur ein Soft Skill oder ein Nice-to-have-Attribut. Sie ist eine entscheidende Komponente effektiver Führung, die für den Aufbau starker Beziehungen, die Förderung von Vertrauen und die Schaffung eines positiven und integrativen Teamumfelds unerlässlich ist. Im weiteren Verlauf werden wir sehen, wie Empathie nicht nur für individuelle Beziehungen von Vorteil ist, sondern auch den Gesamterfolg und das Wohlergehen der Organisation erheblich beeinflussen kann.

Emotionale Intelligenz (EI), ein Konzept, das der Psychologe Daniel Goleman populär gemacht hat, wird zunehmend als entscheidender Faktor für effektive Führung anerkannt. Die emotionale Intelligenz umfasst fünf Schlüsselkomponenten: Selbstwahrnehmung, Selbstregulierung, Motivation, Empathie und soziale Fähigkeiten, die jeweils eine entscheidende Rolle bei der Gestaltung der Fähigkeit einer Führungskraft spielen, Teams zu managen, Konflikte zu lösen und Veränderungen effektiv zu leiten.

Selbst-Bewusstsein: Dies ist die Grundlage der EI. Sie beinhaltet das Verständnis der eigenen Emotionen, Stärken, Schwächen, Werte und Auswirkungen auf andere. Führungskräfte mit hohem Selbstbewusstsein sind besser in der Lage, ihre Reaktionen auf verschiedene Situationen zu verstehen und zu erkennen, wie ihre Emotionen ihre Entscheidungsfindung und ihren Führungsstil beeinflussen können. Dieses Selbstverständnis ist für Führungskräfte entscheidend, um ihr Verhalten zu steuern und bewusste Entscheidungen zu treffen, die mit ihren Werten und den Bedürfnissen ihres Teams in Einklang stehen.

Selbstregulierung: Sie bezieht sich auf die Fähigkeit, störende Emotionen und Impulse zu kontrollieren oder umzulenken und sich an veränderte Umstände anzupassen. Führungskräfte, die sich durch Selbstregulierung auszeichnen, können in Stresssituationen ruhig und klar denken, weisen ein hohes Maß an Integrität auf und können mit Unklarheiten und Veränderungen umgehen. Diese Fähigkeit ist entscheidend für die Aufrechterhaltung eines positiven Arbeitsumfelds und für die effektive Bewältigung von Krisen und Herausforderungen.

Motivation: Führungskräfte mit hoher Intelligenz sind in der Regel sehr motiviert und zeigen einen starken Leistungswillen, Optimismus selbst im Angesicht von Misserfolgen und ein Engagement für ihr Unternehmen. Diese intrinsische Motivation geht über externe Belohnungen hinaus und ist gekennzeichnet durch eine Leidenschaft für die Arbeit selbst und den Wunsch, etwas um der Leistung willen zu erreichen. Solche Führungskräfte sind oft in der Lage, ihre Teams zu inspirieren und zu motivieren, sie zum Erfolg zu führen und eine Kultur der Höchstleistung zu fördern.

Einfühlungsvermögen: Wie bereits erwähnt, geht es bei der Empathie in der Führung darum, die Gefühle anderer zu verstehen und zu berücksichtigen, wenn man Entscheidungen trifft. Sie ist entscheidend für die Leitung eines erfolgreichen Teams oder Unternehmens. Einfühlsame Führungskräfte sind geschickt darin, Talente aufzubauen und zu halten, kulturelle Grenzen zu überwinden und Kundenbedürfnisse zu verstehen. Ihre Fähigkeit, die Bedürfnisse ihrer Teammitglieder zu verstehen und auf sie einzugehen, fördert das Vertrauen, die Loyalität und starke zwischenmenschliche Beziehungen.

Soziale Fertigkeiten: Diese Komponente umfasst das Management von Beziehungen, um Menschen in die gewünschte Richtung zu bewegen. Führungskräfte mit ausgeprägter sozialer Kompetenz sind effektive Kommunikatoren, die in der Lage sind, mit Veränderungen umzugehen, andere zu überzeugen und Netzwerke aufzubauen. Diese Fähigkeiten sind entscheidend für die effektive Führung von Teams, den Umgang mit Konflikten und das Vorantreiben des organisatorischen Wandels.

Emotionale Intelligenz in der Führung trägt wesentlich dazu bei, wie Führungskräfte ihre Teams managen, mit Konflikten umgehen und Veränderungen leiten. Führungskräfte, die über eine hohe emotionale Intelligenz verfügen, können eine Arbeitsatmosphäre schaffen, die der Produktivität und Innovation förderlich ist. Sie sind in der Lage, ihre eigenen Emotionen und die anderer zu verstehen und zu steuern, was zu einer effektiveren Kommunikation, einer stärkeren Teamdynamik und einem insgesamt positiven Einfluss auf die Unternehmensleistung führt. In diesem Kapitel gehen wir näher auf jede dieser EI-Komponenten ein und untersuchen ihre praktische Anwendung in der Führung.

Die Entwicklung der emotionalen Intelligenz (EI) ist ein kontinuierlicher Prozess, der Engagement und die Bereitschaft zur Selbstverbesserung erfordert. Es gibt mehrere praktische Strategien, die Führungskräfte anwenden können, um ihre EI zu verbessern, was wiederum zu einer effektiveren Führung führen kann.

Übungen zur Selbstreflexion: Einer der ersten Schritte zur Verbesserung der EI ist die regelmäßige Selbstreflexion. Führungskräfte können sich Zeit nehmen, um ihre emotionalen Reaktionen auf verschiedene Situationen zu bewerten. Das Führen von Tagebüchern kann dabei ein wirksames Instrument sein, das es den Führungskräften ermöglicht, ihre Gefühle aufzuzeichnen und zu analysieren, warum sie entstanden sind und wie sie damit umgegangen sind. Das Nachdenken über frühere Erfahrungen und das Erwägen alternativer Ergebnisse kann ebenfalls wertvolle Einblicke in emotionale Muster und Auslöser liefern.

Achtsamkeitspraktiken: Achtsamkeitstechniken wie Meditation, tiefe Atemübungen oder auch einfache achtsame Momente während des Tages können die emotionale Wahrnehmung und Regulierung einer Führungskraft erheblich verbessern. Diese Praktiken helfen dabei, präsent und geerdet zu bleiben, die Reaktivität zu reduzieren und die Fähigkeit, Stress effektiv zu bewältigen, zu verbessern.

Feedback einholen und ausnutzen: Konstruktives Feedback von Kollegen, Mentoren oder Teammitgliedern kann für die Entwicklung der EI von großer Bedeutung sein. Führungskräfte können Mechanismen schaffen, um regelmäßiges Feedback zu erhalten, das Aufschluss darüber gibt, wie ihre emotionalen

Reaktionen und Verhaltensweisen von anderen wahrgenommen werden. Offenheit für Feedback und die Bereitschaft, darauf zu reagieren, sind entscheidend für emotionales Wachstum.

Schulung der emotionalen Intelligenz: Die Teilnahme an Workshops oder Kursen zum Thema emotionale Intelligenz kann Führungskräften das nötige Rüstzeug und Wissen vermitteln, um ihre emotionalen Fähigkeiten zu verbessern. Diese Programme behandeln oft Schlüsselaspekte der EI, einschließlich Selbstwahrnehmung, Empathie, Kommunikation und Beziehungsmanagement.

Empathie aufbauen: Das aktive Üben von Empathie kann die emotionale Intelligenz einer Führungskraft verbessern. Dies kann bedeuten, dass man Zeit damit verbringt, sich die Perspektiven und Gefühle der Teammitglieder anzuhören und zu verstehen. Auch Rollenspiele oder die Analyse von Szenarien können zur Förderung des Einfühlungsvermögens beitragen.

Kontinuierliches Lernen und persönliche Entwicklung: Emotionale Intelligenz ist keine statische Eigenschaft; sie kann mit der Zeit entwickelt und verbessert werden. Führungskräfte sollten sich zu ständigem Lernen und zur Selbstverbesserung verpflichten. Dazu kann das Lesen von Büchern, das Hören von Podcasts oder die Teilnahme an Diskussionen über emotionale Intelligenz und Führung gehören. Die Teilnahme an Seminaren oder Kursen zur Entwicklung von Führungskräften kann ebenfalls neue Perspektiven und Instrumente für emotionales Wachstum bieten.

Mentoring und Coaching: Die Zusammenarbeit mit einem Mentor oder Coach, der die emotionale Entwicklung anleitet und unterstützt, kann von großem Nutzen sein. Diese Fachleute können individuelle Beratung und Strategien zur Verbesserung bestimmter Bereiche der emotionalen Intelligenz anbieten.

Indem sie diese Strategien in ihr persönliches und berufliches Leben integrieren, können Führungskräfte ihre emotionale Intelligenz verbessern, was zu einer effektiveren, einfühlsameren und erfolgreicheren Führung führt. Die Entwicklung der emotionalen Intelligenz ist eine Reise, die nicht nur den Führungskräften in ihrer beruflichen Rolle zugute kommt, sondern auch ihr Privatleben und ihre Beziehungen bereichert. Dieses Kapitel bietet eine Anleitung, wie sich Führungskräfte auf diese Reise begeben können, um ihre emotionalen Fähigkeiten zu ihrem eigenen Nutzen und zum Nutzen ihrer Teams und Organisationen kontinuierlich zu verbessern.

Um die praktische Anwendung von Empathie und emotionaler Intelligenz in der Führung zu veranschaulichen, wollen wir uns Beispiele aus der Praxis ansehen, in denen Führungskräfte diese Qualitäten effektiv unter Beweis gestellt haben und ihre Teams mit Erfolg und Mitgefühl durch komplexe Situationen geführt haben.

Fallstudie 1: Mary Barra bei General Motors (GM)

Mary Barra, die Vorstandsvorsitzende von General Motors, bewies während der Zündschlosskrise des Unternehmens außergewöhnliches Einfühlungsvermögen und emotionale Intelligenz. In einer Situation, in der Millionen von Fahrzeugen zurückgerufen werden mussten, verfolgte Barra einen ehrlichen und einfühlsamen Ansatz. Sie räumte die Fehler des Unternehmens offen ein und traf sich persönlich mit den Familien der Opfer, wobei sie echte Anteilnahme und Empathie zeigte. Ihre Führung während dieser Krise trug dazu bei, das Vertrauen der Öffentlichkeit in GM wiederherzustellen, und erwies sich als entscheidend, um das Unternehmen durch eine seiner schwierigsten Phasen zu steuern.

Fallstudie 2: Indra Nooyi, ehemalige CEO von PepsiCo

Indra Nooyi war während ihrer Amtszeit als CEO von PepsiCo für ihren einfühlsamen Führungsstil bekannt. Sie betonte die Bedeutung des Verständnisses und der Beziehung zu den Mitarbeitern auf allen Ebenen des Unternehmens. Nooyi schrieb oft persönliche Briefe an die Eltern ihrer leitenden Angestellten, eine Geste, die ihre tiefe Wertschätzung für die Person hinter der

Rolle zeigte. Ihre Betonung von Empathie und emotionaler Intelligenz in der Führung trug dazu bei, eine Kultur der Loyalität und des Respekts innerhalb von PepsiCo zu fördern, was zu seinem anhaltenden Erfolg beitrug.

Fallstudie 3: Howard Schultz von Starbucks

Howard Schultz, der ehemalige CEO von Starbucks, ist seit langem für seine emotional intelligente Führung bekannt. Schultz' Entscheidung, sowohl Teilzeit- als auch Vollzeitbeschäftigten Gesundheitsleistungen zu gewähren, Aktienoptionen anzubieten und Möglichkeiten zur Mitarbeiterentwicklung zu schaffen, beruhte auf seinem einfühlsamen Verständnis für die Bedürfnisse seiner Mitarbeiter. Diese Initiativen waren nicht nur moralisch motiviert, sondern auch strategisch, da sie zu einer höheren Mitarbeiterzufriedenheit, niedrigeren Fluktuationsraten und einem positiveren öffentlichen Image von Starbucks führten.

Diese Fallstudien veranschaulichen, wie Führungskräfte, die Empathie und emotionale Intelligenz verkörpern, komplexe Herausforderungen effektiv meistern, eine positive Arbeitsplatzkultur fördern und ihre Organisationen zum Erfolg führen können. Sie zeigen, dass Empathie und emotionale Intelligenz nicht nur "Soft Skills" sind, sondern strategische Führungsinstrumente, die einen tiefgreifenden Einfluss auf die Leistung, den Ruf und die Widerstandsfähigkeit einer Organisation haben können.

In der Führungsarbeit stehen einfühlsame Führungskräfte oft vor der Herausforderung, ihre natürliche Neigung zu Verständnis und Mitgefühl mit der Notwendigkeit in Einklang zu bringen, harte Entscheidungen zu treffen und eine hohe organisatorische Leistung zu erbringen. Dieses Gleichgewicht zu finden, ist eine nuancierte, aber wesentliche Fähigkeit für eine effektive Führung.

Empathie in der Führung bedeutet nicht unbedingt, dass man mit jeder Perspektive einverstanden ist oder schwierige Entscheidungen vermeidet. Es geht darum, diese Perspektiven zu verstehen und zu schätzen, aber auch den Mut zu haben, Entscheidungen zu treffen, die zwar schwierig sind, aber im besten Interesse des Unternehmens liegen. Der Schlüssel liegt darin, diese Entscheidungen klar und mitfühlend zu kommunizieren. Wenn Führungskräfte die Gründe für ihre Entscheidungen erläutern und auf die Bedenken ihres Teams eingehen, zeigt dies, dass die Entscheidungen mit Sorgfalt und Rücksicht auf alle Beteiligten getroffen werden.

Ein weiterer Aspekt dieses Gleichgewichts ist die Wahrung der Objektivität. Führungskräfte können die Fähigkeit zur Empathie fördern, ohne dass Emotionen das Urteilsvermögen trüben. Dies kann bedeuten, dass sie reflektieren, sich mit verschiedenen Beratern beraten und die Auswirkungen ihrer Entscheidungen auf das Unternehmen und seine Ziele berücksichtigen. Die Entwicklung emotionaler Beweglichkeit spielt ebenfalls eine entscheidende Rolle. Führungskräfte, die in der Lage sind, ihre eigenen Emotionen und die Emotionen anderer effektiv zu steuern, können auf Situationen so reagieren, dass sie mit ihren Werten und den Zielen des Unternehmens in Einklang stehen.

Die Einführung von Unterstützungssystemen für Entscheidungen, die schwierige Konsequenzen haben könnten, ist eine wirksame Strategie. Ob es sich um Beratungsangebote, Umschulungsprogramme oder Unterstützung beim Übergang handelt, solche Initiativen zeigen, dass sich das Unternehmen um seine Mitarbeiter kümmert, selbst in schwierigen Zeiten.
Eine Strategie der mitfühlenden Verantwortlichkeit kann ebenfalls zu diesem Gleichgewicht beitragen. Dazu gehört es, klare Erwartungen und Leistungskennzahlen festzulegen und gleichzeitig die Teammitglieder zu unterstützen und ihnen die notwendigen Ressourcen für ihren Erfolg zur Verfügung zu stellen. Es geht darum, hart, aber verständnisvoll zu sein und sicherzustellen, dass sich die Teammitglieder in ihrem Wachstum und ihrer Entwicklung unterstützt fühlen.

Um Empathie mit Entscheidungsfindung und Leistung in Einklang zu bringen, müssen Führungskräfte Verständnis und Mitgefühl in ihren Führungsstil integrieren, ohne dabei Kompromisse bei den Maßnahmen und Standards einzugehen, die den Erfolg des Unternehmens bestimmen. Durch die

Beherrschung dieses Gleichgewichts können Führungskräfte sicherstellen, dass ihr Einfühlungsvermögen ihre Entscheidungsfindung verbessert und positiv zu den Zielen der Organisation beiträgt, indem sie eine effektive, humane und nachhaltige Führung verkörpern.

Bei der Bildung erfolgreicher Teams spielt die Förderung von Empathie und emotionaler Intelligenz (EI) innerhalb der Teamdynamik eine entscheidende Rolle. Führungskräfte, die sich darauf konzentrieren, diese Qualitäten in ihren Teams zu kultivieren, können zahlreiche Vorteile erschließen, die zu einer kooperativeren, innovativeren und positiveren Arbeitsplatzkultur führen.

Führungskräfte können Empathie und emotionale Intelligenz in ihren Teams fördern, indem sie zunächst mit gutem Beispiel vorangehen. Indem sie einfühlsames Verhalten und emotionale Intelligenz in ihren Interaktionen zeigen, setzen sie einen Standard, dem die Teammitglieder nacheifern können. Führungskräfte können Empathie zeigen, indem sie ihren Teammitgliedern aktiv zuhören, ihre Gefühle und Perspektiven anerkennen und bei Entscheidungsprozessen berücksichtigen.

Die Schaffung von Gelegenheiten für Teammitglieder, sich auf einer persönlichen Ebene auszutauschen, kann auch die Empathie innerhalb des Teams fördern. Dies kann durch teambildende Übungen, regelmäßige Teamsitzungen oder informelle gesellige Zusammenkünfte geschehen, die es den Teammitgliedern ermöglichen, sich über ihre berufliche Rolle hinaus zu verstehen. Solche Interaktionen können ein Gefühl der Kameradschaft und des Vertrauens fördern, die die Grundlage für einfühlsame Beziehungen sind.

Eine weitere wirksame Strategie ist die Bereitstellung von Schulungs- und Entwicklungsmöglichkeiten, die sich auf EI und Empathie konzentrieren. Workshops oder Schulungen zu Fähigkeiten der emotionalen Intelligenz, wie z. B. emotionale Selbstwahrnehmung, Selbstregulierung und zwischenmenschliche Kommunikation, können Teammitgliedern die Mittel an die Hand geben, ihre Emotionen zu verstehen und zu steuern und effektiver mit anderen zu interagieren.

Die Förderung einer offenen und transparenten Kommunikation innerhalb des Teams ist entscheidend. Wenn Teammitglieder sich sicher fühlen, ihre Gedanken und Gefühle ohne Angst vor Verurteilung äußern zu können, fördert dies ein Umfeld, in dem Empathie gedeihen kann. Führungskräfte können dies fördern, indem sie dafür sorgen, dass alle Stimmen bei Besprechungen gehört werden und dass sowohl positives als auch negatives Feedback auf konstruktive Art und Weise gegeben wird.

Die Vorteile emotional intelligenter Teams sind mannigfaltig. Teams mit einem hohen Maß an Empathie und emotionaler Intelligenz weisen häufig eine verbesserte Zusammenarbeit auf. Teammitglieder, die die Emotionen und Perspektiven der anderen verstehen und respektieren, können effektiver zusammenarbeiten, was zu einer verbesserten Teamarbeit und Problemlösungsfähigkeit führt.

Emotional intelligente Teams sind auch eher innovativ. In einem Umfeld, in dem Empathie geschätzt wird, fühlen sich die Teammitglieder wohler, wenn sie ihre Ideen mitteilen und kreative Risiken eingehen können. Diese Offenheit für neue Ideen und unterschiedliche Perspektiven kann zu mehr Innovation und Kreativität führen.

Die Förderung von Empathie und EI trägt zu einer positiven Arbeitsplatzkultur bei. Teams, die sich durch diese Qualitäten auszeichnen, haben in der Regel eine höhere Arbeitszufriedenheit, ein geringeres Stressniveau und eine bessere Gesamtmoral. Dieses positive Umfeld kommt nicht nur den Teammitgliedern zugute, sondern kann auch zu einer geringeren Fluktuation, einem höheren Mitarbeiterengagement und einer besseren Unternehmensleistung führen.

Indem sie sich auf den Aufbau von Empathie und emotionaler Intelligenz konzentrieren, können Führungskräfte Teams schaffen, die nicht nur leistungsstark, sondern auch kooperativ, innovativ und mit großem Engagement bei der Arbeit sind. Dieses Kapitel befasst sich mit den verschiedenen Möglichkeiten, wie Führungskräfte diese Qualitäten in ihren Teams fördern können, und mit den tiefgreifenden Auswirkungen, die sie auf den Erfolg des Teams und der Organisation haben können.

Zum Abschluss unserer Untersuchung von Empathie und emotionaler Intelligenz (EI) in der Führung wird deutlich, dass diese Fähigkeiten nicht mehr nur wünschenswerte Eigenschaften sind, sondern wesentliche Bestandteile einer effektiven modernen Führung. Die in diesem Kapitel hervorgehobenen Schlüsselpunkte unterstreichen ihre Bedeutung für die Bewältigung der Komplexität der heutigen Arbeitswelt und für den Erfolg eines Unternehmens.

Empathie, die Fähigkeit, die Gefühle anderer zu verstehen und zu teilen, ist eine wesentliche Voraussetzung für den Aufbau starker, vertrauensvoller Beziehungen in Teams. Sie ermöglicht es Führungskräften, mit ihren Teammitgliedern auf einer tieferen Ebene in Kontakt zu treten und so ein Umfeld zu schaffen, das von gegenseitigem Respekt und Verständnis geprägt ist. Diese Verbindung ist entscheidend für effektives Teammanagement, Konfliktlösung und Mitarbeiterengagement.

Emotionale Intelligenz, die Selbstwahrnehmung, Selbstregulierung, Motivation, Einfühlungsvermögen und soziale Fähigkeiten umfasst, ist ebenso wichtig. Führungskräfte mit hoher emotionaler Intelligenz sind in der Lage, ihre eigenen Emotionen und die Emotionen anderer zu verstehen und zu steuern. Diese Fähigkeit ist entscheidend für eine effektive Kommunikation, Entscheidungsfindung und Führung in Umgebungen mit hohem Druck. Sie ermöglicht es Führungskräften, in Krisen gelassen zu bleiben, ihre Teammitglieder zu inspirieren und zu motivieren und die Feinheiten der organisatorischen Dynamik zu bewältigen.

Empathie und emotionale Intelligenz tragen gemeinsam wesentlich zu einer positiven Arbeitsplatzkultur bei. Sie sind entscheidend für die Förderung von Zusammenarbeit, Innovation und Anpassungsfähigkeit in Teams. Führungskräfte, die diese

Qualitäten aufweisen, können ein Arbeitsumfeld schaffen, das nicht nur Talente anzieht und bindet, sondern auch Kreativität und Risikobereitschaft fördert, was zu mehr Innovation und Erfolg führt. Sie sind für Führungskräfte unerlässlich, um mit dem raschen Wandel in der modernen Geschäftswelt effektiv umgehen zu können. Sie geben ihnen das Rüstzeug an die Hand, um die vielfältigen und sich wandelnden Bedürfnisse der Mitarbeiter, die Erwartungen der Kunden und die globalen Markttrends zu verstehen und wirksam darauf zu reagieren.

Bei Empathie und emotionaler Intelligenz geht es nicht nur um die Verbesserung der persönlichen Führungsfähigkeiten, sondern auch um die Schaffung einer nachhaltigen und erfolgreichen Organisation. Führungskräfte, die diese Fähigkeiten priorisieren und entwickeln, sind besser gerüstet, um ihre Teams durch die Herausforderungen und Chancen der modernen Geschäftswelt zu führen und so den langfristigen Erfolg und die Widerstandsfähigkeit des Unternehmens zu gewährleisten.

Dieses Kapitel dient als Leitfaden für Führungskräfte, um die Bedeutung von Empathie und emotionaler Intelligenz zu verstehen und bietet praktische Einblicke, wie diese Fähigkeiten entwickelt und genutzt werden können, um persönliche Führungseffektivität und organisatorische Exzellenz zu erreichen.

Kapitel 6: Die Herausforderung, das Wohlbefinden des Teams zu erhalten

In der schnelllebigen und sich ständig weiterentwickelnden Landschaft moderner Arbeitsumgebungen ist das Wohlbefinden von Teams zu einem vorrangigen Anliegen für Organisationen weltweit geworden. Dieses Kapitel beginnt mit einem umfassenden Überblick über die Bedeutung des Wohlbefindens von Teams und seine weitreichenden Auswirkungen auf die Gesundheit und den Erfolg sowohl von Einzelpersonen als auch von Organisationen.

Das Wohlbefinden von Teams geht über die körperliche Gesundheit der Mitarbeiter hinaus und umfasst auch ihre geistige, emotionale und psychologische Gesundheit. In der heutigen Arbeitskultur, in der Teams oft die grundlegende Einheit der Produktivität sind, wirkt sich das kollektive Wohlbefinden dieser Teams direkt auf ihre Effektivität, Innovation und Gesamtleistung aus. Ein Team, das gut betreut und unterstützt wird, ist mit größerer Wahrscheinlichkeit produktiv, engagiert und schöpferisch lebendig.

Das Wohlbefinden innerhalb eines Teams ist eng mit der Arbeitszufriedenheit verbunden. Mitarbeiter, die das Gefühl haben, dass ihre geistige und emotionale Gesundheit geschätzt wird, haben in der Regel ein positiveres Verhältnis zu ihrer Arbeit. Dies steigert nicht nur ihre individuelle Leistung, sondern trägt auch zu einer harmonischeren und kooperativeren Teamdynamik bei. In einem Umfeld, in dem das Wohlbefinden des Teams an erster Stelle steht, ist die Wahrscheinlichkeit größer, dass die

Mitglieder ein Gefühl der Eigenverantwortung und des Engagements für ihre Arbeit zeigen, was den Gesamterfolg des Unternehmens fördert.

Das Wohlbefinden des Teams ist ein entscheidender Faktor, wenn es darum geht, Spitzenkräfte zu gewinnen und zu halten. Moderne Mitarbeiter, insbesondere die der Millennials und der Generation Z, schätzen zunehmend Arbeitsplätze, die ihr ganzheitliches Wohlbefinden in den Vordergrund stellen. Unternehmen, die dieses Bedürfnis erkennen und berücksichtigen, fördern nicht nur eine gesündere Belegschaft, sondern positionieren sich auch als attraktiver Arbeitsplatz und ziehen damit hochkarätige Talente an.

Die Herausforderung, das Wohlbefinden von Teams zu erhalten, insbesondere in Zeiten hohen Stresses und schnellen Wandels, ist vielschichtig. Sie erfordert proaktive Strategien und ein Engagement der Unternehmensführung, um ein Umfeld zu schaffen und zu erhalten, in dem das Wohlbefinden in die Unternehmenskultur eingebettet ist. Im weiteren Verlauf dieses Kapitels werden wir uns mit den verschiedenen Aspekten des Wohlbefindens von Teams befassen, einschließlich der Erkennung von Stress und Burnout, Strategien zur Schaffung eines förderlichen Arbeitsumfelds und praktische Praktiken zur Verbesserung des psychischen Wohlbefindens von Teams. Ziel dieser Untersuchung ist es, Führungskräften und Unternehmen die notwendigen Einsichten und Instrumente an die Hand zu geben, um eine gesunde, widerstandsfähige und florierende Belegschaft zu fördern.

Das Erkennen der Anzeichen und Symptome von Stress und Burnout bei Teammitgliedern ist ein wichtiger erster Schritt zur Bewältigung dieser Probleme. Sowohl Stress als auch Burnout können die Leistung und Moral eines Teams erheblich beeinträchtigen, weshalb eine frühzeitige Erkennung und Intervention unerlässlich ist.

Stress bei Teammitgliedern äußert sich häufig in körperlichen, emotionalen oder Verhaltensänderungen. In körperlicher Hinsicht können gestresste Personen Symptome wie Kopfschmerzen,

Müdigkeit oder Appetitveränderungen aufweisen. Emotional kann es Anzeichen von Angst, Reizbarkeit oder verminderter Motivation geben. Verhaltenstechnisch kann sich dies in Form von verminderter Produktivität, Konzentrationsschwierigkeiten oder vermehrten Fehlzeiten äußern.

Burnout, ein Zustand der emotionalen, körperlichen und geistigen Erschöpfung, der durch anhaltenden Stress verursacht wird, ist besonders schädlich. Es ist gekennzeichnet durch Gefühle der Energieerschöpfung oder Erschöpfung, eine zunehmende mentale Distanz zur Arbeit oder Gefühle von Negativismus oder Zynismus in Bezug auf die eigene Arbeit sowie eine verringerte berufliche Effizienz. In Teams kann Burnout zu einem spürbaren Leistungsabfall, mangelndem Engagement und einem allgemeinen Gefühl der Apathie oder Hoffnungslosigkeit gegenüber der Arbeit führen.

Mehrere Faktoren tragen zu Stress und Burnout am Arbeitsplatz bei. Ein hohes Arbeitspensum, knappe Fristen und lange Arbeitszeiten tragen häufig dazu bei. Aber auch weniger offensichtliche Faktoren wie mangelnde Kontrolle über die eigene Arbeit, unzureichende Anerkennung, schlechte Teamdynamik und fehlende Work-Life-Balance spielen eine wichtige Rolle. In der sich schnell verändernden Arbeitswelt von heute kann auch der Druck, sich ständig anzupassen und neue Fähigkeiten zu erlernen, zu Stress und Burnout beitragen.

Es ist wichtig, dass Führungskräfte auf diese Anzeichen achten und sie ernst nehmen. Regelmäßige Besprechungen mit den Teammitgliedern können helfen, diese Probleme frühzeitig zu erkennen. Die Schaffung eines offenen Umfelds, in dem sich die Teammitglieder wohl fühlen, wenn sie über ihre Herausforderungen sprechen, ist entscheidend für die frühzeitige Erkennung von Stress und Burnout.

Die Anzeichen von Stress und Burnout zu verstehen und die dazu beitragenden Faktoren zu erkennen, sind entscheidende Schritte zur Erhaltung des Wohlbefindens des Teams. Ein proaktiver

Umgang mit diesen Problemen kann langfristige negative Auswirkungen auf das Team und das Unternehmen verhindern.

Manager und Teamleiter sollten Stress und Burnout in Teams in den Griff bekommen. Dies ist eine wichtige Aufgabe für Führungskräfte und Organisationen. Die Umsetzung wirksamer Strategien kann das Wohlbefinden des Teams und die Gesamtproduktivität erheblich verbessern. Die Bedeutung proaktiver Maßnahmen und eines frühzeitigen Eingreifens kann gar nicht hoch genug eingeschätzt werden. Wenn Anzeichen von Stress und Burnout frühzeitig erkannt und umgehend behandelt werden, können schwerwiegendere Auswirkungen verhindert werden.

- Förderung eines offenen Dialogs: Es ist wichtig, ein Umfeld zu schaffen, in dem sich die Teammitglieder sicher fühlen, wenn sie über ihren Stress und ihre Arbeitsbelastung sprechen. Die Führungskräfte sollten eine offene Kommunikation fördern und es den Teammitgliedern ermöglichen, ihre Bedenken zu äußern, ohne Angst vor Verurteilungen oder Konsequenzen zu haben. Regelmäßige Einzelgespräche können einen privaten Raum für solche Diskussionen bieten.

- Management der Arbeitsbelastung: Eine der Hauptursachen für Stress und Burnout ist eine erdrückende Arbeitsbelastung. Führungskräfte sollten dafür sorgen, dass das Arbeitspensum überschaubar ist und gerecht auf die Teammitglieder verteilt wird. Außerdem ist es wichtig, realistische Fristen und Prioritäten zu setzen, die für Klarheit und Konzentration sorgen.

- Förderung der Work-Life-Balance: Die Förderung einer gesunden Work-Life-Balance ist von entscheidender Bedeutung. Dies kann die Einführung flexibler Arbeitszeiten, die Verhinderung von übermäßigen Überstunden und die Respektierung der Freizeit der Mitarbeiter beinhalten. Solche Praktiken helfen den Mitarbeitern, sich zu erholen und das Risiko eines Burnouts zu verringern.

- Zugang zu Unterstützungsdiensten bieten: Der Zugang zu Beratungsdiensten, Workshops zur Stressbewältigung oder zu Ressourcen für die psychische Gesundheit kann von großem Nutzen sein. Diese Dienste geben den Teammitgliedern Instrumente zur Stressbewältigung an die Hand und bieten ihnen die Möglichkeit, bei Bedarf professionelle Hilfe in Anspruch zu nehmen.

- Aufbau einer unterstützenden Kultur: Eine Kultur, die die psychische Gesundheit schätzt und fördert, kann Stress und Burnout deutlich verringern. Dazu gehören nicht nur Maßnahmen, sondern auch eine Veränderung der Werte und Normen des Unternehmens. Die Anerkennung der Leistungen der Mitarbeiter, die Würdigung von Erfolgen und die Gewährleistung eines kollaborativen und unterstützenden Teamumfelds können eine positive Arbeitsmoral und die Widerstandsfähigkeit fördern.

- Schulungen zur Stressbewältigung und zum Aufbau von Resilienz: Schulungen zu Stressbewältigungstechniken und Resilienz können den Mitarbeitern Fähigkeiten vermitteln, mit ihrem Stressniveau umzugehen und sich von Herausforderungen besser zu erholen.

- Frühzeitige Interventionsstrategien: Die Umsetzung von Strategien zur frühzeitigen Intervention ist der Schlüssel zur Verhinderung einer Eskalation von Stress und Burnout. Dazu könnten regelmäßige Umfragen zum Wohlbefinden oder Instrumente zur Überwachung des Wohlbefindens des Teams gehören, die es den Führungskräften ermöglichen, Probleme frühzeitig zu erkennen und anzugehen.

Der Umgang mit Stress und Burnout in Teams erfordert einen vielschichtigen Ansatz, der eine offene Kommunikation, ein Management der Arbeitsbelastung, die Förderung der Work-Life-Balance, den Zugang zu Unterstützungsdiensten und eine Kultur, die die psychische Gesundheit aktiv fördert, umfasst. Führungskräfte und Organisationen, die diesen Bereichen Priorität einräumen, sind besser gerüstet, um eine gesunde, produktive und belastbare Belegschaft zu erhalten.

Die Schaffung eines unterstützenden und sicheren Arbeitsumfelds, in dem die psychische Gesundheit und das Wohlbefinden im Vordergrund stehen, ist für die Gesundheit und Effizienz eines jeden Teams entscheidend. Dabei geht es nicht nur um die Umsetzung von Richtlinien, sondern auch um die Förderung einer Kultur, in der sich jedes Mitglied wirklich wertgeschätzt und unterstützt fühlt.

Im Mittelpunkt dieser Bemühungen steht die Förderung der psychologischen Sicherheit. Bei diesem Konzept geht es darum, eine Atmosphäre zu schaffen, in der Teammitglieder sich ausdrücken, Risiken eingehen und sich verletzlich zeigen können, ohne Angst vor Verurteilungen oder Rückschlägen zu haben. Führungskräfte spielen dabei eine Schlüsselrolle, indem sie Offenheit vorleben, eigene Fehler eingestehen und unterschiedliche Meinungen und Ideen wertschätzen. Ein solches Umfeld fördert die offene Kommunikation, innovatives Denken und ein Gefühl der Zugehörigkeit.

Einbindung und Vielfalt sind ebenfalls wichtige Bestandteile eines förderlichen Arbeitsumfelds. Ein grundlegender Schritt ist es, dafür zu sorgen, dass alle Stimmen, ungeachtet ihres Hintergrunds oder ihrer Position, gehört und respektiert werden. Dazu gehört auch, dass unbewusste Vorurteile aktiv angegangen werden und Plattformen geschaffen werden, auf denen unterschiedliche Perspektiven anerkannt und geschätzt werden.

Die Anerkennung und Wertschätzung der Beiträge von Teammitgliedern kann deren Selbstwertgefühl und Zugehörigkeitsgefühl erheblich steigern. Die Anerkennung kann von einfachen verbalen Anerkennungen in Besprechungen bis hin zu strukturierteren Programmen zur Wertschätzung der Mitarbeiter reichen. Wichtig ist, dass diese Anerkennung gerecht und einheitlich ist und die Grundwerte des Unternehmens widerspiegelt.

Ein weiterer wichtiger Aspekt ist die Bereitstellung zugänglicher Ressourcen für die psychische Gesundheit. Ressourcen wie Beratungsdienste, Stressbewältigungsprogramme und Tage der seelischen Gesundheit sollten nicht nur zur Verfügung stehen, sondern auch so beworben werden, dass die Inanspruchnahme ohne Stigmatisierung gefördert wird.

Die Vereinbarkeit von Beruf und Privatleben ist ein weiterer wichtiger Faktor für das Wohlergehen des Teams. Führungskräfte sollten sich dafür einsetzen, dass die Grenzen der Arbeitszeiten respektiert werden, von der Arbeit nach Feierabend aktiv abraten und die Bedeutung von Pausen und Urlaub fördern.

Ein kollaboratives Arbeitsumfeld trägt wesentlich zum Wohlbefinden des Teams bei. Gemeinsame Anstrengungen, sei es durch teambildende Maßnahmen, gemeinsame Projekte oder offene Kommunikation über Abteilungsgrenzen hinweg, fördern das Gefühl der Unterstützung und Gemeinschaft unter den Teammitgliedern.

Die Schaffung eines unterstützenden und sicheren Arbeitsumfelds ist ein vielschichtiger Prozess, der psychologische Sicherheit, Integration, Anerkennung, Unterstützung der psychischen Gesundheit, Work-Life-Balance und Zusammenarbeit umfasst. Die Kombination dieser Elemente schafft eine Arbeitsplatzkultur, in der sich die Mitarbeiter wirklich umsorgt und gestärkt fühlen, was zu einer besseren Teamleistung und zur allgemeinen Gesundheit des Unternehmens führt.

Die Förderung des psychischen Wohlbefindens von Teams ist ein vielschichtiges Unterfangen, das konsequente Anstrengungen und durchdachte Praktiken erfordert. Durch die Integration einer Vielzahl von Aktivitäten und Initiativen, die sich auf die psychische Gesundheit konzentrieren, können Führungskräfte ein Teamumfeld fördern, das das allgemeine Wohlbefinden und die Produktivität unterstützt.

1. Teamaktivitäten für das Wohlbefinden: Die Organisation von Teamaktivitäten, bei denen das Wohlbefinden im Mittelpunkt

steht, kann ein wirksames Mittel sein, um die Moral und die psychische Gesundheit des Teams zu verbessern. Dazu können Teambuilding-Klausuren, Gruppenübungen oder kreative Workshops gehören, die die Zusammenarbeit und Entspannung fördern. Auch Aktivitäten außerhalb des Arbeitsplatzes wie Mannschaftssport, kulturelle Ausflüge oder ehrenamtliche Arbeit können eine erfrischende Abwechslung zum Arbeitsalltag bieten und den Zusammenhalt im Team stärken.

2. Achtsamkeitspraktiken: Die Aufnahme von Achtsamkeitspraktiken in die Teamroutine kann das psychische Wohlbefinden erheblich verbessern. Dies könnte bedeuten, dass Sitzungen mit einer kurzen Achtsamkeitsübung beginnen, Achtsamkeitstrainings angeboten werden oder ein ruhiger Raum im Büro für Meditation und Entspannung geschaffen wird. Achtsamkeit hilft dabei, Stress zu reduzieren, die Konzentration zu verbessern und die emotionale Regulierung der Teammitglieder zu fördern.

3. Regelmäßige Kontrollbesuche: Die Einführung einer Routine regelmäßiger Kontrollbesuche kann für die Beurteilung und Unterstützung des psychischen Wohlbefindens der Teammitglieder von entscheidender Bedeutung sein. Diese Check-Ins können in Form von Einzelgesprächen, Teamumfragen oder informellen Treffen stattfinden. Ziel ist es, einen Raum zu schaffen, in dem sich die Teammitglieder wohlfühlen und über ihre Herausforderungen und Erfolge sprechen können.

4. Förderung der Work-Life-Balance: Führungskräfte können die Vereinbarkeit von Berufs- und Privatleben durch verschiedene Initiativen fördern. Dazu gehören flexible Arbeitszeiten, Richtlinien, die von der Arbeit nach Feierabend abraten, die Förderung von Pausen während des Arbeitstages und die Respektierung der Freizeit der Mitarbeiter. Die Förderung einer Kultur, in der die Work-Life-Balance geschätzt wird, ist der Schlüssel zur Vermeidung von Burnout

und zur Erhaltung des langfristigen Wohlbefindens des Teams.

5. Schulungs- und Entwicklungsmöglichkeiten: Auch die Bereitstellung von Möglichkeiten zur persönlichen und beruflichen Weiterentwicklung kann das Wohlbefinden des Teams verbessern. Dazu könnten Workshops zur Entwicklung von Fähigkeiten, Programme zur Förderung der psychischen Gesundheit oder Führungstrainings gehören. Solche Möglichkeiten tragen nicht nur zum Wachstum der Teammitglieder bei, sondern fördern auch das Gefühl, etwas erreicht zu haben und ein Ziel zu verfolgen.

6. Schaffung eines unterstützenden Umfelds: Es ist wichtig, ein Umfeld zu schaffen, in dem Unterstützung leicht verfügbar ist. Dazu kann die Einrichtung von Peer-Support-Gruppen, der Zugang zu Beratungsdiensten oder die Einrichtung eines Mentorenprogramms gehören. Durch die Einrichtung von Unterstützungssystemen wird sichergestellt, dass die Teammitglieder über die Ressourcen verfügen, die sie für einen effektiven Umgang mit ihrer psychischen Gesundheit benötigen.

Durch die Umsetzung dieser Praktiken können Führungskräfte ein Teamumfeld schaffen, das das psychische Wohlbefinden aktiv unterstützt und fördert. Diese Initiativen kommen nicht nur den einzelnen Teammitgliedern zugute, sondern tragen auch zu einer kohärenteren, produktiveren und positiveren Arbeitsplatzkultur bei.

Die Rolle der Führung bei der Förderung und Aufrechterhaltung des Wohlbefindens von Teams ist von zentraler Bedeutung. Führungskräfte geben nicht nur den Ton für das Arbeitsumfeld an, sondern haben auch einen erheblichen Einfluss auf das geistige und emotionale Klima in ihren Teams. Ihre Handlungen, Einstellungen und Strategien spielen eine entscheidende Rolle bei der Förderung oder Beeinträchtigung des Wohlbefindens von Teams.

Eine der wichtigsten Möglichkeiten für Führungskräfte, das Wohlbefinden des Teams zu fördern, besteht darin, gesunde Arbeitsgewohnheiten vorzuleben. Dazu gehört, dass sie sich für eine ausgewogene Work-Life-Balance einsetzen, ihren eigenen Stress auf gesunde Weise bewältigen und klare Grenzen zwischen Arbeit und Privatleben ziehen. Wenn Führungskräfte vorleben, was sie predigen, vermitteln sie ihrem Team, dass ihr Wohlergehen Priorität hat und dass es akzeptabel ist, der Selbstfürsorge Vorrang zu geben.

Die Förderung einer offenen Kommunikation über psychische Gesundheit ist ein weiterer wichtiger Aspekt der Rolle einer Führungskraft bei der Förderung des Wohlbefindens des Teams. Führungskräfte können einen sicheren Raum für Teammitglieder schaffen, in dem sie psychische Probleme ohne Angst vor Stigmatisierung oder Vergeltung besprechen können. Dazu können regelmäßige Gespräche über Stress, Arbeitsbelastung und psychische Gesundheit gehören, und sie können Teammitglieder aktiv ermutigen, ihre Probleme anzusprechen. Führungskräfte können auch Schulungen und Ressourcen bereitstellen, die den Teammitgliedern helfen, die psychischen Bedürfnisse der anderen zu erkennen und zu unterstützen.

Ein proaktiver Umgang mit Problemen, die sich auf das Wohlbefinden des Teams auswirken könnten, ist ebenfalls wichtig. Dazu gehört es, potenzielle Stressfaktoren zu erkennen und abzumildern, Konflikte schnell und fair zu lösen und auf das Feedback der Teammitglieder zum Arbeitsumfeld einzugehen. Führungskräfte sollten darauf achten, frühe Anzeichen von Stress und Burnout zu erkennen und sofort Maßnahmen zu ergreifen, um sie zu beseitigen.

Führungskräfte sollten sich für organisatorische Maßnahmen zur Förderung der psychischen Gesundheit und des Wohlbefindens einsetzen und diese umsetzen. Dazu könnten flexible Arbeitsregelungen, Tage der psychischen Gesundheit und der Zugang zu Beratungsdiensten gehören. Es ist auch wichtig, dass sich Führungskräfte für eine Unternehmenskultur einsetzen, die Vielfalt, Inklusivität und Respekt schätzt, da dies die Grundlage für ein förderliches Arbeitsumfeld ist. Sie spielen auch eine entscheidende Rolle bei der Förderung des Wohlbefindens des Teams. Durch das Vorleben gesunder Arbeitsgewohnheiten, die Förderung einer offenen Kommunikation über psychische Gesundheit, das proaktive Ansprechen von Problemen des Wohlbefindens und das Eintreten für unterstützende Maßnahmen können Führungskräfte ein Arbeitsumfeld schaffen, in dem sich die Teammitglieder wertgeschätzt, unterstützt und befähigt fühlen, ihr Bestes zu geben.

Die Integration des Wohlbefindens in das Gefüge der Unternehmensrichtlinien und -praktiken ist ein strategischer Ansatz, der nicht nur das Wohlbefinden des Teams fördert, sondern auch die allgemeine Gesundheit und Effizienz des Unternehmens verbessert. Diese Integration stellt sicher, dass das Wohlbefinden nicht nur eine Nebeninitiative ist, sondern ein grundlegender Aspekt der Unternehmenskultur und -abläufe.

Die Verankerung des Wohlbefindens in der Unternehmenspolitik beinhaltet die Erstellung und Umsetzung von Richtlinien, die die geistige, emotionale und körperliche Gesundheit aktiv fördern. Dazu können Richtlinien für flexible Arbeitszeiten, Fernarbeitsoptionen, obligatorische Pausen während des Arbeitstages und eine Begrenzung der Überstunden gehören. Auch der Zugang zu Ressourcen für die psychische Gesundheit, wie Beratungsdienste, Stressbewältigungsprogramme und Wellness-Workshops, kann Teil der Richtlinien sein.

Ebenso wichtig ist die Entwicklung von Praktiken, die das Wohlbefinden in den Vordergrund stellen. Dazu können regelmäßige Untersuchungen des Wohlbefindens, die Schaffung von Räumen für Entspannung und soziale Interaktion am Arbeitsplatz und die Förderung einer Kultur der regelmäßigen Pausen gehören. Praktiken wie die Anerkennung und Würdigung von Teamergebnissen, die Förderung von Aktivitäten, die das Team zusammenschweißen, und die Sicherstellung einer Arbeitsbelastung, die herausfordernd, aber überschaubar ist, tragen ebenfalls zum allgemeinen Wohlbefinden bei.

Wenn die Werte eines Unternehmens ausdrücklich das Wohlbefinden der Mitarbeiter einschließen, ist dies ein deutliches Zeichen für das Engagement des Unternehmens für seine Mitarbeiter. Dieses Engagement kann sich auf verschiedene Weise manifestieren, von Programmen zur Entwicklung von Führungskräften, die eine einfühlsame und emotional intelligente Führung betonen, bis hin zu unternehmensweiten Initiativen, die sich auf den Aufbau einer unterstützenden und integrativen Kultur konzentrieren.

Die Vorteile der Einbeziehung von Initiativen zum Wohlbefinden in die zentralen Werte und Abläufe eines Unternehmens sind vielfältig. Solche Initiativen führen zu höherem Mitarbeiterengagement, verbesserter Produktivität und geringeren Fehlzeiten. Sie tragen auch zu einer besseren Mitarbeiterbindung bei, da ein Arbeitsplatz, der sich um das Wohlbefinden seiner Mitarbeiter kümmert, mit größerer Wahrscheinlichkeit Top-Talente anzieht und bindet. Darüber hinaus haben Unternehmen, die sich stark auf das Wohlbefinden ihrer Mitarbeiter konzentrieren, in der Regel einen besseren Ruf, was auf dem heutigen sozialbewussten Markt ein großer Vorteil sein kann.

Die Integration des Wohlbefindens in die Unternehmenspolitik und -praxis kommt nicht nur den Mitarbeitern zugute, sondern ist ein strategischer Schritt, der zum Gesamterfolg und zur Widerstandsfähigkeit des Unternehmens beiträgt. In diesem Abschnitt des Kapitels werden verschiedene Möglichkeiten untersucht, wie Organisationen das Wohlbefinden in ihre Richtlinien und Praktiken einbeziehen können, sowie die zahlreichen Vorteile, die diese Initiativen mit sich bringen.

Zum Abschluss dieser Erkundung des nachhaltigen Wohlbefindens von Teams wird deutlich, dass dies ein Bereich ist, der in der heutigen Arbeitswelt von größter Bedeutung ist. Die in diesem Kapitel behandelten Schlüsselaspekte verdeutlichen den vielschichtigen Ansatz, der erforderlich ist, um das geistige, emotionale und körperliche Wohlbefinden von Teams zu erhalten und zu verbessern.

Die frühzeitige Erkennung und Bekämpfung von Stress und Burnout ist entscheidend. Führungskräfte und Organisationen müssen die Anzeichen für diese Probleme erkennen und proaktive Maßnahmen ergreifen, um sie zu lindern. Dazu gehört die Schaffung einer Kultur der offenen Kommunikation, in der sich die Teammitglieder sicher fühlen, ihre Sorgen und Herausforderungen zu äußern.

Die Schaffung eines unterstützenden und sicheren Arbeitsumfelds ist ein weiteres wesentliches Element. Dieses Umfeld wird durch Praktiken gefördert, die die psychische Gesundheit und das Wohlbefinden in den Vordergrund stellen, die Vereinbarkeit von Beruf und Privatleben fördern und Ressourcen für den Umgang mit Stress und psychischen Problemen bereitstellen. Maßnahmen, die flexible Arbeitsregelungen unterstützen, den Zugang zu Ressourcen für psychische Gesundheit ermöglichen und eine Kultur der Inklusion und Vielfalt fördern, sind von grundlegender Bedeutung für diese Bemühungen.

Die Rolle der Führungskräfte bei diesem Unterfangen kann nicht hoch genug eingeschätzt werden. Führungskräfte müssen nicht nur selbst gesunde Arbeitsgewohnheiten vorleben, sondern diese Praktiken auch in ihren Teams aktiv fördern und unterstützen. Ihr Engagement für die Förderung einer unterstützenden Arbeitskultur ist entscheidend für das allgemeine Wohlbefinden ihrer Teammitglieder.

Die Einbindung des Wohlbefindens in die Grundwerte und operativen Strategien des Unternehmens stellt sicher, dass diese Bemühungen nicht nur vorübergehend sind, sondern einen dauerhaften und geschätzten Teil des Unternehmens darstellen. Wenn das Wohlbefinden in die Richtlinien und Praktiken des Unternehmens eingebettet ist, wird es zu einem Teil der täglichen Erfahrung der Mitarbeiter, was zu einer engagierteren, produktiveren und zufriedeneren Belegschaft führt.

Die Förderung des Wohlbefindens von Teams ist eine kontinuierliche Aufgabe, die sowohl von den Führungskräften als auch von den Organisationen ständige Bemühungen und

Aufmerksamkeit erfordert. Es ist ein dynamischer Prozess, der sich an die Bedürfnisse des Teams und die Bedingungen am Arbeitsplatz anpassen muss. Indem sie der Verbesserung des Wohlbefindens von Teams Priorität einräumen und kontinuierlich daran arbeiten, können Unternehmen ein Arbeitsumfeld schaffen, das nicht nur die Gesundheit und das Glück ihrer Mitarbeiter fördert, sondern auch langfristigen Erfolg und Nachhaltigkeit unterstützt. Dieses Kapitel bietet einen umfassenden Leitfaden für Führungskräfte und Organisationen, die sich diesem wichtigen Anliegen verschrieben haben.

Kapitel 7: Führung in Zeiten der Krise

In Krisenzeiten ist die Rolle einer Führungskraft wichtiger denn je. Dieses Kapitel befasst sich zunächst mit den einzigartigen und beängstigenden Herausforderungen, die Krisen für Führungskräfte in verschiedenen Bereichen darstellen. Ob es sich nun um eine globale Pandemie, einen wirtschaftlichen Abschwung, eine Naturkatastrophe oder um interne organisatorische Turbulenzen handelt, Krisen erfordern außergewöhnliche Führungsqualitäten und -ansätze.

Krisensituationen sind durch Ungewissheit, rasche Veränderungen und hohe Einsätze gekennzeichnet. Sie bringen oft komplexe Herausforderungen mit sich, die beispiellos sein können und eine schnelle Entscheidungsfindung, Anpassungsfähigkeit und robuste Krisenmanagementfähigkeiten erfordern. In solchen Zeiten wird die Effektivität der Führung auf die Probe gestellt, denn es besteht ein immenser Druck, nicht nur die richtigen Entscheidungen zu treffen, sondern auch die Moral, das Vertrauen und die Stabilität der Organisation oder des Teams zu erhalten.

Eine wirksame Führung ist in diesen Zeiten der Unsicherheit und des Aufruhrs von entscheidender Bedeutung. Sie kann den Unterschied ausmachen zwischen einer Organisation oder einem Team, das erfolgreich durch die Krise navigiert und gestärkt daraus hervorgeht, und einem, das dem Druck erliegt. Führungskräfte müssen in Krisensituationen als Leuchttürme der Stabilität fungieren und den Menschen, die sie führen, Orientierung und Sicherheit geben. Sie müssen ein Gleichgewicht zwischen Einfühlungsvermögen und entschlossenem Handeln herstellen, Ressourcen klug verwalten, transparent kommunizieren und das Team inmitten des Chaos konzentriert und motiviert halten.

Die Bedeutung der Führung in Krisenzeiten kann gar nicht hoch genug eingeschätzt werden. Die Handlungen und Entscheidungen von Führungskräften in diesen kritischen Momenten haben nachhaltige Auswirkungen auf ihre Teams, Organisationen und manchmal sogar auf breiterer Ebene. Führungskräfte müssen nicht nur die unmittelbaren Herausforderungen der Krise bewältigen, sondern auch die langfristigen Auswirkungen ihres Handelns berücksichtigen und sich auf die Zeit nach der Krise vorbereiten.

Dieses Kapitel befasst sich mit der Dynamik der Krisenführung und untersucht die wichtigsten Eigenschaften, Strategien und Verhaltensweisen, die effektive Führungskräfte in schwierigen Zeiten an den Tag legen. Es zielt darauf ab, aktuellen und angehenden Führungskräften Einblicke und Werkzeuge an die Hand zu geben, mit denen sie effektiv durch Krisen führen können, um sicherzustellen, dass ihre Teams oder Organisationen nicht nur überleben, sondern angesichts der Widrigkeiten auch gedeihen.

In Krisensituationen treten die besonderen Eigenschaften und Verhaltensweisen effektiver Führungskräfte besonders deutlich hervor. Solche Führungskräfte zeichnen sich durch ihre Resilienz aus, eine Eigenschaft, die sie in die Lage versetzt, schwierigen Situationen standzuhalten und sich von ihnen zu erholen. Resiliente Führungskräfte bewahren auch unter Druck die Fassung, bieten ihren Teams Stabilität und Sicherheit und wecken Vertrauen, selbst wenn die Umstände unüberwindbar scheinen.

Anpassungsfähigkeit ist eine weitere entscheidende Eigenschaft effektiver Krisenführung. Angesichts des unvorhersehbaren Charakters von Krisen ist die Fähigkeit, schnell auf sich ändernde Situationen zu reagieren, von unschätzbarem Wert. Diese Führungspersönlichkeiten verfügen über die Flexibilität, Pläne zu ändern, neue Informationen schnell aufzunehmen und an Ort und Stelle zu innovieren, und zeigen damit eine bemerkenswerte Fähigkeit, Strategien angesichts sich entwickelnder Szenarien anzupassen.

Ebenso wichtig ist die Entschlusskraft. Krisensituationen erfordern oft eine schnelle Entscheidungsfindung und lassen wenig Raum für langes Nachdenken. Wirksame Führungskräfte in Krisensituationen zeichnen sich durch die Fähigkeit aus, Situationen schnell zu beurteilen und fundierte, wohlüberlegte Entscheidungen zu treffen. Diese Entschlussfreudigkeit wird stets mit Augenmaß gemildert, um sicherzustellen, dass die Maßnahmen wohlüberlegt sind und auf den besten verfügbaren Daten basieren.

In Krisensituationen kommt der Empathie eine besondere Bedeutung zu. Führungskräfte, die den emotionalen Aufruhr ihrer Teams verstehen und nachempfinden können, sind besser in der Lage, die notwendige Unterstützung und Beruhigung zu bieten. Dieser einfühlsame Ansatz ist der Schlüssel zur Aufrechterhaltung von Moral und Einheit, da er die menschliche, emotionale Seite des Krisenmanagements anspricht.

Die Fähigkeit, klar zu kommunizieren, ist ein Markenzeichen effektiver Krisenmanager. Sie sind geschickt darin, transparente und konsistente Informationen zu liefern und ihre Teams über Entwicklungen und Pläne auf dem Laufenden zu halten. Solche Führungskräfte sind auch aufmerksame Zuhörer, die ein offenes Ohr für Feedback und Bedenken haben und so eine Kultur der offenen und wechselseitigen Kommunikation fördern.

Visionen und vorausschauendes Denken sind für die Krisenbewältigung unerlässlich. Die Führungskräfte müssen nicht nur die gegenwärtigen Turbulenzen bewältigen, sondern auch einen Kurs für die Zeit nach der Krise und für Wachstum festlegen. Indem sie die Zukunft im Auge behalten und eine klare Vision aufrechterhalten, tragen sie dazu bei, dass das Team fokussiert und motiviert bleibt, und leiten es durch die unmittelbaren Herausforderungen, während sie sich auf langfristige Stabilität und Erfolg vorbereiten.

Die Mischung aus Widerstandsfähigkeit, Anpassungsfähigkeit, Entschlusskraft, Einfühlungsvermögen, klarer Kommunikation und vorausschauendem Denken bildet die Essenz einer effektiven

Krisenführung. Diese Eigenschaften befähigen Führungskräfte, ihre Teams oder Organisationen durch turbulente Zeiten zu führen und dabei wichtige Entscheidungen zu treffen, die den Weg für Sicherheit und langfristigen Wohlstand ebnen.

Inmitten einer Krise kommt der Kommunikation eine entscheidende Rolle bei der Bewältigung und Lösung zu. Wirksame Kommunikationsstrategien sind von zentraler Bedeutung für die erfolgreiche Bewältigung einer Krise, da sie dazu beitragen, Erwartungen zu steuern, wichtige Informationen zu verbreiten und den Zusammenhalt des Teams zu wahren.

Der Eckpfeiler der Krisenkommunikation ist Klarheit. Die Botschaften müssen klar und deutlich sein, um Missverständnisse zu vermeiden. Während einer Krise gibt es oft eine Flut von Informationen, und es kann für Teammitglieder schwierig sein, zu erkennen, was relevant und richtig ist. Führungskräfte müssen daher sicherstellen, dass ihre Kommunikation das Rauschen durchbricht und allen Beteiligten direkte und eindeutige Informationen liefert.

Transparenz ist ebenso wichtig. In einer Krise kann das Zurückhalten von Informationen oder die Bereitstellung von Teilwahrheiten das Vertrauen untergraben und zu Spekulationen und Gerüchten führen, die die Situation nur noch verschlimmern. Führungskräfte sollten sich bemühen, so offen und ehrlich wie möglich zu sein und mitteilen, was sie wissen, was sie nicht wissen und was sie tun, um es herauszufinden. Diese Transparenz fördert das Vertrauen und die Zuversicht, auch wenn die Nachrichten nicht positiv sind.

Eine rechtzeitige Kommunikation ist ebenfalls wichtig. In Krisensituationen kann sich die Lage schnell ändern, und Verzögerungen in der Kommunikation können zu Fehlinformationen und Ängsten führen. Die Führungskräfte sollten sich bemühen, regelmäßig aktuelle Informationen zu liefern, auch wenn es keine neuen Informationen gibt. Diese regelmäßige Kommunikation trägt dazu bei, Erwartungen zu steuern, und hält alle Beteiligten über die neuesten Entwicklungen auf dem Laufenden.

Ein weiterer wichtiger Aspekt der Krisenkommunikation ist das Einfühlungsvermögen. Mit Empathie zu kommunizieren bedeutet, die Herausforderungen und Emotionen anzuerkennen, die Teammitglieder möglicherweise erleben. Dies kann dazu beitragen, eine tiefere Verbindung mit dem Team aufzubauen und ihnen zu zeigen, dass ihre Gefühle und Sorgen verstanden und geschätzt werden.

Für Führungskräfte ist es wichtig, die Kommunikation in beide Richtungen zu fördern. Dazu gehört nicht nur die Weitergabe von Informationen, sondern auch das Anhören von Feedback, Bedenken und Vorschlägen der Teammitglieder. Eine solche interaktive Kommunikation kann wertvolle Erkenntnisse liefern, ein Gefühl der Zusammenarbeit fördern und dabei helfen, Probleme zu erkennen, die für die Leitung nicht sofort ersichtlich sind.

Die Vorbereitung und Planung der Krisenkommunikation ist unerlässlich. Dazu gehören ein Krisenkommunikationsplan, Schulungen für die Krisenkommunikation und die Festlegung der wichtigsten Sprecher und Kommunikationskanäle. Eine gute Vorbereitung stellt sicher, dass die Kommunikation im Krisenfall schnell, koordiniert und effektiv abläuft.

Die Entscheidungsfindung unter Druck ist einer der schwierigsten Aspekte der Führung in einer Krise. Situationen, die unter hohem Druck stehen, erfordern oft rasche, wirkungsvolle Entscheidungen inmitten von Ungewissheit, begrenzten Informationen und hohen Einsätzen. Die Fähigkeit, diese Bedingungen effektiv zu meistern, ist ein entscheidendes Merkmal erfolgreicher Krisenführung.

Eine der größten Herausforderungen in solchen Situationen ist der hohe Zeitdruck. Krisen erfordern oft sofortige Entscheidungen, um eine Eskalation zu verhindern oder die Risiken zu mindern. Diese Dringlichkeit kann zu erhöhtem Stress führen und die

Fähigkeit einer Führungskraft beeinträchtigen, klar zu denken und Optionen umfassend zu bewerten.

Eine weitere Herausforderung ist die Komplexität und Unvorhersehbarkeit, die den meisten Krisen innewohnt. Führungskräfte können sich in einem unbekannten Gebiet wiederfinden, in dem traditionelle Entscheidungsprozesse und frühere Erfahrungen nicht immer anwendbar sind. Diese Ungewissheit kann die Entscheidungsfindung noch entmutigender machen.

Um in solchen Situationen Klarheit und Konzentration zu bewahren, können Führungskräfte verschiedene Methoden anwenden. Eine wirksame Methode besteht darin, den Entscheidungsprozess in überschaubare Schritte zu unterteilen. Dazu gehört es, das Kernproblem zu identifizieren, die verfügbaren Informationen zu analysieren, die möglichen Folgen verschiedener Maßnahmen abzuwägen und dann eine fundierte Entscheidung zu treffen.

Auch die Priorisierung der anstehenden Fragen ist entscheidend. Nicht alle Entscheidungen haben das gleiche Gewicht, und wenn man weiß, welche Fragen sofortige Aufmerksamkeit erfordern und welche aufgeschoben werden können, kann man den Entscheidungsprozess effektiver gestalten.

Ein weiterer wichtiger Ansatz ist die Nutzung von Team-Input. Die Einbeziehung verschiedener Teammitglieder in den Entscheidungsfindungsprozess kann unterschiedliche Perspektiven und Einblicke bieten, was zu umfassenderen und fundierteren Entscheidungen führt. Es ist jedoch wichtig, dass die Führungskräfte ein Gleichgewicht zwischen diesem kooperativen Ansatz und der Notwendigkeit finden, Entscheidungen zeitnah zu treffen. Die Festlegung klarer Fristen und die Sicherstellung konzentrierter Diskussionen können verhindern, dass sich der Prozess übermäßig in die Länge zieht oder unproduktiv wird.

Die Werte und Ziele der Organisation sind ebenfalls von entscheidender Bedeutung. In einer Krise sollte sich jede

Entscheidung an den Grundwerten und langfristigen Zielen der Organisation orientieren. Diese Ausrichtung stellt sicher, dass Entscheidungen nicht nur reaktiv sind, sondern auch zur allgemeinen Mission und Vision der Organisation beitragen.

Führungskräfte sollten darauf vorbereitet sein, ihre Entscheidungen anzupassen, wenn neue Informationen verfügbar werden. Flexibilität und die Bereitschaft, den Kurs zu korrigieren, wenn sich die Situation weiterentwickelt, sind im fließenden Umfeld einer Krise entscheidend.

Die Entscheidungsfindung unter Druck erfordert von einer Führungskraft Ruhe, Methodik und Zusammenarbeit. Indem sie Klarheit bewahren, sich auf die Prioritäten konzentrieren, die Erkenntnisse des Teams nutzen, den Werten der Organisation treu bleiben und anpassungsfähig sind, können Führungskräfte die Komplexität der Entscheidungsfindung in Krisen effektiv bewältigen.

Inmitten einer Krise ist es nicht nur wichtig, die operativen Herausforderungen zu bewältigen, sondern auch die Moral und die psychische Gesundheit des Teams zu unterstützen. Krisen können das psychische Wohlbefinden der Teammitglieder belasten und zu erhöhtem Stress, Angst und Unsicherheit führen. Daher kommt den Führungskräften eine zentrale Rolle zu, wenn es darum geht, die Moral und die psychische Gesundheit des Teams in diesen schwierigen Zeiten zu schützen.

Um die Moral des Teams in einer Krise zu unterstützen, müssen die Herausforderungen, mit denen das Team konfrontiert ist, anerkannt und die Gefühle der Mitarbeiter anerkannt werden. Für Führungskräfte ist es wichtig, einfühlsam zuzuhören und einen Raum zu schaffen, in dem sich die Teammitglieder wohl fühlen, wenn sie ihre Sorgen und Ängste äußern. Diese Emotionen anzuerkennen und Unterstützung anzubieten, kann viel zur Aufrechterhaltung der Moral beitragen.

Die Kommunikation spielt eine Schlüsselrolle bei der Steuerung der Arbeitsmoral im Team. Die Führungskräfte sollten sich bemühen, die Kommunikationswege offen zu halten, regelmäßig zu informieren und die Situation transparent darzustellen. Selbst wenn die Nachrichten nicht positiv sind, trägt eine ehrliche Kommunikation dazu bei, Vertrauen aufzubauen und Unsicherheiten und Spekulationen zu verringern, die der Moral abträglich sein können.

Eine weitere wirksame Strategie besteht darin, kleine Erfolge zu feiern und die Anstrengungen des Einzelnen und des Teams anzuerkennen. In einer Krise kann der Fortschritt langsam sein und die Ziele müssen möglicherweise angepasst werden. Das Anerkennen und Feiern selbst kleiner Meilensteine kann dem Team Erfolgserlebnisse verschaffen und die Moral stärken.

Die Gewährleistung der psychologischen Sicherheit ist ebenfalls entscheidend. Die Führungskräfte sollten ein Umfeld schaffen, in dem sich die Teammitglieder sicher fühlen, ihre Meinung zu äußern, ihre Ideen mitzuteilen und Probleme zu melden, ohne negative Konsequenzen befürchten zu müssen. Dieses Gefühl der psychologischen Sicherheit ist entscheidend für die Aufrechterhaltung von Engagement und Motivation in schwierigen Zeiten.

Die Befähigung von Teammitgliedern kann sich auch positiv auf die Arbeitsmoral auswirken. Wenn man den Teammitgliedern ein gewisses Maß an Autonomie einräumt und sie ermutigt, die Initiative zu ergreifen, gibt man ihnen ein Gefühl von Kontrolle und Eigenverantwortung, was in Zeiten, in denen sich vieles unsicher oder unkontrollierbar anfühlt, sehr ermutigend sein kann.

Die Aufrechterhaltung eines Gefühls von Routine und Normalität kann ebenfalls dazu beitragen, das Wohlbefinden des Teams zu steuern. Regelmäßige Besprechungen, die Einhaltung von Teamritualen und die Aufrechterhaltung eines einheitlichen Arbeitsablaufs können ein Gefühl der Stabilität vermitteln.

Führungskräfte sollten auf Anzeichen von Burnout achten und bereit sein, Unterstützung anzubieten. Dies kann die Bereitstellung zusätzlicher Ressourcen, die Anpassung des

Arbeitspensums oder das Angebot flexibler Arbeitsregelungen umfassen. Der Umgang mit der Moral und der psychischen Gesundheit des Teams während einer Krise erfordert Einfühlungsvermögen, offene Kommunikation, Anerkennung, psychologische Sicherheit, Befähigung, Routine und Wachsamkeit gegenüber Burnout. Führungskräfte, die diese Aspekte erfolgreich bewältigen, können ein motiviertes, engagiertes und widerstandsfähiges Team aufrechterhalten, selbst wenn es mit Widrigkeiten zu kämpfen hat.

Mitten in einer Krise können die Qualitäten von Empathie und Mitgefühl in der Führung einen tiefgreifenden Einfluss haben. Diese menschenzentrierten Eigenschaften sind entscheidend, um Teams und Stakeholder durch turbulente Zeiten zu führen und ihnen ein Gefühl von Verständnis, Unterstützung und Solidarität zu vermitteln.

Empathie in der Krisenführung bedeutet die Fähigkeit, die Gefühle anderer zu verstehen und zu teilen, insbesondere in schwierigen Situationen. Es geht darum, die emotionalen und psychologischen Auswirkungen der Krise auf Teammitglieder und Interessengruppen zu erkennen. Wenn Führungskräfte Einfühlungsvermögen zeigen, erkennen sie an, dass Teammitglieder nicht einfach nur Arbeiter sind, sondern Individuen, die möglicherweise Stress, Angst und Unsicherheit erleben. Dieses Verständnis ist entscheidend für den Aufbau von Vertrauen und die Aufrechterhaltung einer offenen Kommunikation.

Mitgefühl geht noch einen Schritt weiter, indem es diese Gefühle nicht nur anerkennt, sondern auch aktiv mit Freundlichkeit und Fürsorge auf sie reagiert. In einer Krise kann sich eine mitfühlende Führung auf verschiedene Weise manifestieren. Sie kann darin bestehen, Teammitgliedern, die mit persönlichen Herausforderungen im Zusammenhang mit der Krise zu kämpfen haben, zusätzliche Unterstützung anzubieten, oder sie kann ganz einfach darin bestehen, flexibler mit Fristen umzugehen und anzuerkennen, dass Teammitglieder möglicherweise

Schwierigkeiten haben, Arbeit und persönliche Verpflichtungen miteinander zu vereinbaren.

Führungskräfte können Empathie und Mitgefühl auf verschiedene Weise zeigen:

- Aktives Zuhören: Wenn man sich die Zeit nimmt, den Bedenken und Ängsten der Teammitglieder zuzuhören, ohne sie zu verurteilen, zeigt das, dass ihre Gefühle gültig und wichtig sind. Diese Art des aktiven Zuhörens fördert ein unterstützendes Umfeld.

- Regelmäßige Kontrollbesuche: Wenn Sie sich proaktiv bei Ihren Teammitgliedern melden, nicht nur wegen der Arbeitsaufgaben, sondern auch wegen ihres Wohlbefindens, zeigt dies, dass Sie sich wirklich um ihre Gesundheit kümmern.

- Transparente und einfühlsame Kommunikation: Eine einfühlsame und verständnisvolle Kommunikation ist von entscheidender Bedeutung, insbesondere bei der Übermittlung schwieriger Nachrichten. Dazu gehört, ehrlich zu sein und gleichzeitig zu berücksichtigen, wie sich die Informationen auf die emotionale Verfassung der Teammitglieder auswirken könnten.

- Anpassung des Führungsstils: Flexibilität im Führungsstil kann ein Akt des Mitgefühls sein. Es ist wichtig zu verstehen, dass eine Einheitslösung in einer Krise nicht funktioniert und dass es wichtig ist, sich an die unterschiedlichen Bedürfnisse der Teammitglieder anzupassen.

- Bereitstellung von Ressourcen zur Unterstützung: Der Zugang zu Ressourcen wie Beratungsdiensten oder Workshops zur Stressbewältigung kann eine praktische Möglichkeit sein, Unterstützung zu zeigen.

- Ermutigung zu einem kollaborativen Ansatz: Wenn Teams in Krisenzeiten ein Mitspracherecht bei der Entscheidungsfindung und Problemlösung eingeräumt wird, kann dies das Gefühl der Hilflosigkeit verringern und die Moral steigern.

Bei der Führung mit Empathie und Mitgefühl geht es nicht nur darum, die unmittelbaren Herausforderungen zu bewältigen, sondern auch darum, die langfristige Widerstandsfähigkeit und Loyalität von Teammitgliedern und Stakeholdern zu fördern, insbesondere in Krisenzeiten. Wenn Führungskräfte mit Empathie und Mitgefühl führen, können sie die Komplexität der Krise effektiver bewältigen, den Zusammenhalt und die Moral des Teams aufrechterhalten und den Weg für eine belastbarere Erholung nach der Krise ebnen. In diesem Abschnitt des Kapitels wird untersucht, wie Führungskräfte diese kritischen Qualitäten kultivieren und demonstrieren können, und es werden Beispiele aus der Praxis und praktische Strategien für eine einfühlsame und mitfühlende Führung in Krisensituationen vorgestellt.

Inmitten einer Krise ist die Fähigkeit zur raschen Anpassung an sich rasch ändernde Umstände ein entscheidender Aspekt effektiver Führung. Bei dieser Agilität in der Führung geht es nicht nur darum, reaktiv zu sein, sondern proaktiv ein Umfeld zu fördern, in dem Anpassungsfähigkeit in der Teamkultur verankert ist.

Eine wachstumsorientierte Denkweise ist das Herzstück der Anpassungsfähigkeit. Führungskräfte, die sich diese Denkweise zu eigen machen, betrachten Herausforderungen als Chancen für Lernen und Wachstum. Diese Sichtweise ist ansteckend und fördert Innovation und Experimentierfreude, die in Krisenzeiten unerlässlich sind. Daneben ist die Förderung der Offenheit für Veränderungen innerhalb des Teams von entscheidender Bedeutung. Indem sie die Teammitglieder ermutigen, aufgeschlossen zu sein, bewährte Vorgehensweisen in Frage zu stellen und den Wandel als integralen Bestandteil der Unternehmenslandschaft zu betrachten, können die Führungskräfte ein anpassungsfähigeres Team heranziehen.

Eine schnelle Entscheidungsfindung ist in Krisensituationen noch wichtiger. Die Führungskräfte sollten eine Kultur fördern, in der Entscheidungen schnell und auf der Grundlage der besten zum jeweiligen Zeitpunkt verfügbaren Informationen getroffen werden. Dieser Ansatz beinhaltet das Eingehen kalkulierter Risiken und das Treffen von Entscheidungen, die zwar nicht perfekt, aber notwendig sind, um die Krise zu meistern.

Auch die Flexibilität von Prozessen und Organisationsstrukturen trägt wesentlich zur Anpassungsfähigkeit eines Teams bei. Die Einführung stärker dezentralisierter Entscheidungsprozesse, die Vereinfachung von Verfahren und die Förderung funktionsübergreifender Zusammenarbeit können die Reaktionsfähigkeit und Agilität eines Teams erhöhen.

Kontinuierliches Lernen und ständige Weiterentwicklung sind für die Erhaltung der Anpassungsfähigkeit von zentraler Bedeutung. Die Führungskräfte sollten den Teammitgliedern reichlich Gelegenheit geben, neue Fähigkeiten und Kenntnisse zu erwerben, die für die Anpassung an neue Herausforderungen entscheidend sein können. Diese kontinuierliche Entwicklung stellt sicher, dass das Team fähig und bereit bleibt, sich verschiedenen Szenarien zu stellen.

Effektive Kommunikation ist ein weiterer Eckpfeiler der Anpassung an den Wandel. Die Führungskräfte müssen sicherstellen, dass die Kommunikation innerhalb des Teams klar, offen und kontinuierlich ist. Wenn alle Beteiligten über Veränderungen und die dahinter stehenden Überlegungen informiert werden, trägt dies zur Ausrichtung des Teams bei und verringert Unsicherheiten und Spekulationen.

Die Führungskräfte selbst müssen Anpassungsfähigkeit vorleben. Indem sie bei ihren Handlungen und Entscheidungen Flexibilität zeigen, schaffen sie einen Präzedenzfall für das Team. Diese Vorbildfunktion ist ein wirksames Instrument, um Teammitglieder zu ermutigen, ähnliche Verhaltensweisen anzunehmen.

Die Anpassung an den raschen Wandel in einer Krise erfordert von den Führungskräften, ein Umfeld zu schaffen, in dem Flexibilität, schnelle Entscheidungsfindung, kontinuierliches Lernen und offene Kommunikation die Norm sind. Mit diesen Grundsätzen können Führungskräfte ihre Teams durch die Unwägbarkeiten einer Krise führen und sicherstellen, dass sie nicht nur überleben, sondern auch gestärkt und widerstandsfähiger daraus hervorgehen.

Beispiele aus der realen Welt der Krisenführung bieten wertvolle Einblicke in die praktische Anwendung der zuvor erörterten Grundsätze und Strategien. Durch die Analyse dieser Fälle können wir verstehen, was eine Führungskraft in Krisensituationen effektiv macht und welche Lehren aus ihren Erfahrungen gezogen werden können.

Fallstudie 1: Winston Churchill während des Zweiten Weltkriegs

Winston Churchills Führung während des Zweiten Weltkriegs gilt als eines der besten Beispiele für effektives Krisenmanagement. Angesichts der beängstigenden Herausforderung der nationalsozialistischen Aggression in Europa steuerte Churchill Großbritannien mit einer Mischung aus Widerstandsfähigkeit, Eloquenz und unerschütterlicher Entschlossenheit durch die dunkelsten und gefährlichsten Zeiten.

Churchills Fähigkeit, angesichts überwältigender Aussichten Hoffnung zu wecken, war eine seiner bemerkenswertesten Eigenschaften. Seine Reden, die berühmte Sätze wie "Wir werden an den Stränden kämpfen" und "Wir werden niemals kapitulieren" enthielten, waren nicht nur Worte, sondern mächtige Werkzeuge, die die britische Öffentlichkeit aufrüttelten. Durch seine Redekunst gelang es Churchill, Angst und Unsicherheit in Entschlossenheit und Mut zu verwandeln. Seine Reden förderten ein Gefühl der Einheit und der Zielstrebigkeit, nicht nur innerhalb Großbritanniens, sondern auch bei den alliierten Streitkräften.

Ein weiterer Eckpfeiler von Churchills Führungsqualitäten war die Beibehaltung einer klaren Vision. Selbst als Großbritannien allein gegen die Achsenmächte stand und die Lage düster schien, wich Churchill nie von seiner Vision von Sieg und Freiheit ab. Diese Klarheit der Ziele war nicht nur für seine strategischen Entscheidungen, sondern auch für die Aufrechterhaltung der öffentlichen Moral von entscheidender Bedeutung.

Churchills unerschütterliches Engagement für die Freiheit seines Landes zeigte sich in seiner Weigerung, eine Niederlage, einen Kompromiss oder eine Kapitulation in Betracht zu ziehen. Seine entschlossene Haltung, selbst als andere Führer Verhandlungen mit Hitler vorschlugen, unterstrich seinen Glauben an die Sache, für die Großbritannien kämpfte. Dieses unerschütterliche Engagement sorgte in den schwierigsten Zeiten Großbritanniens für eine ruhige Hand am Ruder.

Seine Führungsqualitäten zeichneten sich durch seine Bereitschaft aus, sich unbequemen Wahrheiten zu stellen, und durch seine Fähigkeit, sich an veränderte Umstände anzupassen. Er zögerte nicht, unverblümt über die Herausforderungen und Opfer zu sprechen, die vor ihm lagen, und sorgte dafür, dass die Nation auf den langen Kampf vorbereitet war. Doch er war auch pragmatisch, bereit, Strategien anzupassen und entscheidende Bündnisse zu schmieden, etwa mit den Vereinigten Staaten und der Sowjetunion, um Großbritanniens Position im Krieg zu stärken.
Die Lehren aus Churchills Führungsstil während des Zweiten Weltkriegs sind zeitlos und in Krisenzeiten besonders relevant. Sein Beispiel lehrt uns, wie wichtig eine klare, motivierende Kommunikation ist, wie wichtig es ist, eine starke und unerschütterliche Vision aufrechtzuerhalten, und wie wichtig Widerstandsfähigkeit und Entschlossenheit im Angesicht von Widrigkeiten sind. Churchills Führungsstil dient als Richtschnur dafür, wie Führungskräfte durch Krisen navigieren, ihre Teams inspirieren und selbst unter schwierigsten Bedingungen den Fokus auf die ultimativen Ziele beibehalten können.

Fallstudie 2: Ernest Shackletons Antarktis-Expedition

Ernest Shackletons Antarktis-Expedition im Jahr 1914 an Bord des Schiffes Endurance gilt als monumentales Beispiel für

Führungsqualitäten im Angesicht extremer Widrigkeiten. Die Expedition, die die erste Landdurchquerung des antarktischen Kontinents zum Ziel hatte, geriet in eine Katastrophe, als die Endurance vom Packeis eingeschlossen und schließlich zerdrückt wurde. Dieses Unglück bildete die Grundlage für eine der außergewöhnlichsten Überlebensgeschichten und eine bemerkenswerte Demonstration von Krisenmanagement.

Shackletons oberste Priorität war das Wohlergehen seiner Mannschaft. Als klar wurde, dass das ursprüngliche Ziel der Expedition unerreichbar war, konzentrierte er sich ganz auf das Überleben und die sichere Rückkehr seiner Mannschaft. Seine Fähigkeit, die Situation schnell neu zu bewerten und seine Ziele anzupassen, war entscheidend für die Aufrechterhaltung der Moral und die Konzentration seiner Mannschaft angesichts der Verzweiflung.

Einer der bemerkenswertesten Aspekte von Shackletons Führungsqualitäten während dieser Krise war sein unerschütterlicher Optimismus und seine Fähigkeit, die Hoffnung unter seiner Mannschaft aufrechtzuerhalten. Trotz der katastrophalen Umstände gelang es ihm, die Stimmung hochzuhalten und der Mannschaft den Glauben an ihr Überleben zu vermitteln. Zu seiner täglichen Routine gehörte es, dafür zu sorgen, dass alle mit ihren Aufgaben beschäftigt blieben, denn er wusste, dass Müßiggang zur Verzweiflung führen konnte. Er sorgte auch für Kameradschaft und Zusammenhalt, indem er oft Mahlzeiten und Unterkünfte mit seinen Männern teilte und so die Barrieren zwischen Anführer und Mannschaft abbaute.

Shackletons Problemlösungsfähigkeiten waren ebenfalls ein Schlüsselfaktor für das Überleben der Mannschaft. Angesichts der sich ständig ändernden Herausforderungen bewies er bemerkenswerten Einfallsreichtum und Einfallsreichtum. Ob er improvisierte, um einen Unterschlupf auf dem Eis zu schaffen, eine Strategie für die beschwerliche Reise über das Packeis zur offenen See entwickelte oder ein kleines Rettungsboot zur nächsten Walfangstation navigierte - Shackleton fand immer einen Weg, um scheinbar unüberwindbare Hindernisse zu überwinden.

Entscheidungskraft und die Bereitschaft, kalkulierte Risiken einzugehen, waren entscheidend. Seine Entscheidung, eine 800 Meilen lange Reise in einem kleinen Boot durch das stürmische Südpolarmeer anzutreten, um Hilfe zu suchen, war ein Beweis für seine mutige und proaktive Führung. Es war ein risikoreiches Manöver, aber Shackletons Fähigkeit, die Situation einzuschätzen und schwierige Entscheidungen zu treffen, war der Schlüssel zu ihrer letztendlichen Rettung.

Shackletons Führungsqualitäten während der gesamten Tortur veranschaulichten, wie wichtig es ist, den Zusammenhalt des Teams, die Moral und den kollektiven Sinn für das Ziel zu erhalten. Seine Fähigkeit, in einer aussichtslosen Situation Hoffnung zu wecken, gepaart mit seiner Anpassungsfähigkeit, Entscheidungsfindung und Konzentration auf das Wohlergehen des Teams, sicherte nicht nur das Überleben seiner Mannschaft, sondern festigte auch seinen Ruf als einer der größten Anführer der Geschichte in Krisensituationen.

Die Geschichte von Shackleton und seiner Mannschaft, die in der Antarktis überlebte, bietet eine bleibende Lehre für die Notwendigkeit adaptiver Führung, Widerstandsfähigkeit und die Kraft von unerschütterlichem Optimismus und Einigkeit im Angesicht überwältigender Aussichten. Sein Beispiel ist nach wie vor eine Inspiration und ein Leitfaden für Führungskräfte, die sich in verschiedenen Kontexten mit Krisen konfrontiert sehen, und unterstreicht die entscheidende Bedeutung von Teamzusammenhalt, Moral und adaptiver Problemlösung in unvorhersehbaren und schwierigen Situationen.

Diese Beispiele aus der realen Welt der Krisenführung liefern wertvolle Lektionen in Bezug auf Einfühlungsvermögen, entschlossenes Handeln, klare Kommunikation, Widerstandsfähigkeit und die Bedeutung der Beibehaltung eines moralischen Kompasses in schwierigen Zeiten. Durch die Untersuchung dieser Führungskräfte und ihrer Reaktionen auf

Krisen können wir Einblicke in wirksame Führungsstrategien und die Qualitäten gewinnen, die eine Führungskraft bei der Bewältigung komplexer und druckvoller Situationen erfolgreich machen.

Der Aufbau von Widerstandsfähigkeit für künftige Krisen ist ein entscheidender Aspekt effektiver Führung. Dazu gehört nicht nur die Bewältigung der aktuellen Krise, sondern auch das Lernen aus ihr, um sich besser auf künftige Herausforderungen vorzubereiten und deren Auswirkungen abzumildern. In diesem Teil des Kapitels wird erörtert, wie wichtig es ist, Lehren aus aktuellen Krisen zu ziehen und Strategien für reflektierendes Lernen und proaktive Planung umzusetzen.

Aus aktuellen Krisen zu lernen, ist für die Stärkung der Widerstandsfähigkeit von Organisationen von entscheidender Bedeutung. Jede Krise ist zwar einzigartig, bietet aber wertvolle Einblicke in Stärken, Schwächen und verbesserungswürdige Bereiche. Es ist wichtig, dass die Führungskräfte analysieren, wie die Krise bewältigt wurde: was hat funktioniert, was nicht und warum. Diese Analyse sollte gründlich und offen sein und Feedback von verschiedenen Ebenen innerhalb der Organisation einbeziehen.

Reflektierendes Lernen ist eine Schlüsselstrategie in diesem Prozess. Dazu gehört, einen Schritt zurückzutreten und die Entscheidungsprozesse, die Effektivität der Kommunikation und die Teamdynamik während der Krise zu bewerten. Die Führungskräfte sollten eine Kultur fördern, in der diese Reflexion konstruktiv ist und sich auf das Lernen konzentriert, anstatt Schuldzuweisungen zu machen. Dies kann durch Nachbesprechungen erleichtert werden, in denen die Teammitglieder ihre Erfahrungen und Erkenntnisse offen diskutieren können.

Ebenso wichtig ist die proaktive Planung für künftige Krisen. Dazu gehört die Aktualisierung von Krisenmanagementplänen auf der Grundlage der jüngsten Erfahrungen, um sicherzustellen, dass die Organisation auf ähnliche Situationen in der Zukunft besser vorbereitet ist. Dazu kann die Überarbeitung von Kommunikationsprotokollen, Notfallverfahren, Ressourcenzuweisung und Notfallplänen gehören.

Ein weiterer wichtiger Aspekt ist der Aufbau von Anpassungsfähigkeit und Flexibilität innerhalb der Organisation. Die Erfahrungen bei der Bewältigung einer Krise machen häufig deutlich, dass agilere Strukturen und Prozesse erforderlich sind. Die Führungskräfte sollten diese Erkenntnisse nutzen und Änderungen vornehmen, die eine schnellere Reaktion und Anpassungsfähigkeit in künftigen Szenarien ermöglichen.

Investitionen in die Aus- und Weiterbildung sind ebenfalls von entscheidender Bedeutung. Dazu können spezielle Schulungen zum Krisenmanagement, Programme zur Entwicklung von Führungskräften und Übungen zur Verbesserung der Widerstandsfähigkeit und Problemlösungskompetenz von Teams gehören.

Die Förderung einer Kultur der Resilienz ist von entscheidender Bedeutung. Dies bedeutet, ein Umfeld zu schaffen, in dem Anpassungsfähigkeit, Lernen und emotionale Unterstützung integrale Bestandteile der Organisationsstruktur sind. Eine widerstandsfähige Kultur ist eine Kultur, die nicht nur Krisen übersteht, sondern auch aus ihnen lernt und wächst.

Der Aufbau von Resilienz für künftige Krisen ist ein fortlaufender Prozess, der von Führungskräften vorausschauendes Denken, Reflexion und Proaktivität erfordert. Indem sie aus aktuellen Krisen lernen und Strategien zur kontinuierlichen Verbesserung umsetzen, können Organisationen ihre Bereitschaft und Widerstandsfähigkeit verbessern und sich so besser für künftige Herausforderungen wappnen. Dieser Abschnitt des Kapitels befasst sich ausführlich mit diesen Strategien und bietet Führungskräften einen Leitfaden, wie sie die Erfahrung einer Krise in eine Chance für Wachstum und Stärkung verwandeln können.

Am Ende dieses Kapitels wird deutlich, dass wirksame Führung in Krisenzeiten vielschichtig und entscheidend ist, um Organisationen durch unsichere Zeiten und in eine widerstandsfähige Zukunft zu führen. Zu den Schlüsselelementen, die eine erfolgreiche Krisenführung ausmachen, gehören die Fähigkeit, klar und einfühlsam zu kommunizieren, unter Druck entschlossene und fundierte Entscheidungen zu treffen, die Moral und das Wohlbefinden des Teams aufrechtzuerhalten, Anpassungsfähigkeit und Flexibilität zu zeigen und aus der Krise zu lernen, um künftige Widerstandsfähigkeit aufzubauen.

Effektive Krisenmanager zeichnen sich durch eine klare und transparente Kommunikation aus und stellen sicher, dass ihre Teams gut informiert sind und der Informationsfluss in beide Richtungen erfolgt. Sie verfügen über die Entschlossenheit, schnell schwierige Entscheidungen zu treffen, und bringen dabei gleichzeitig Empathie und Rücksicht auf die Auswirkungen dieser Entscheidungen auf ihre Teams und Stakeholder auf.

Die Aufrechterhaltung der Moral und des psychischen Wohlbefindens des Teams während einer Krise ist ein weiterer wichtiger Aspekt effektiver Führung. Führungskräfte, die ihre Teams unterstützen, ihre Bemühungen anerkennen und für ein psychologisch sicheres Umfeld sorgen, tragen dazu bei, die Produktivität und den Zusammenhalt auch in schwierigen Zeiten zu erhalten.

Anpassungsfähigkeit und Flexibilität sind ebenfalls Kennzeichen einer erfolgreichen Krisenführung. Führungskräfte, die in der Lage sind, sich auf veränderte Umstände einzustellen, neue Informationen aufzunehmen und ihre Strategien entsprechend anzupassen, haben eine höhere Wahrscheinlichkeit, Krisen erfolgreich zu meistern.

Die Fähigkeit, aus Krisen zu lernen und diese Lehren für den Aufbau von Widerstandsfähigkeit zu nutzen, ist von entscheidender Bedeutung. Führungskräfte, die sich nach einer Krise mit reflektierendem Lernen und proaktiver Planung befassen, tragen wesentlich zur künftigen Bereitschaft und Widerstandsfähigkeit der Organisation bei.

Die Rolle der Führungskräfte in Krisensituationen geht über die Bewältigung der unmittelbaren Herausforderungen hinaus. Es geht darum, die Organisation mit einer klaren Vision, einfühlsamem Verständnis und strategischem Weitblick durch die Unsicherheit zu führen. Führungskräfte, die diese Qualitäten verkörpern, können ihren Organisationen nicht nur helfen, Krisen zu überstehen, sondern auch gestärkt und widerstandsfähiger aus ihnen hervorzugehen, um für künftige Herausforderungen gerüstet zu sein.

In diesem Kapitel wurde hervorgehoben, dass es bei der Krisenführung nicht nur um die Strategien und Entscheidungen geht, die während der Krise getroffen werden, sondern auch um den Einfluss der Führungskraft auf die Kultur, die Moral und die langfristige Widerstandsfähigkeit der Organisation. Die hier dargelegten Lehren und Erkenntnisse dienen als Leitfaden für aktuelle und angehende Führungskräfte, um die für eine effektive Führung in Krisenzeiten erforderlichen Fähigkeiten und Qualitäten zu entwickeln.

Kapitel 8: Technologie, Innovation und Widerstandsfähigkeit

In der dynamischen Landschaft des 21. Jahrhunderts ist die Technologie zu einer zentralen Kraft bei der Gestaltung von Führungspraktiken und -ansätzen geworden. Dieses Kapitel befasst sich zunächst mit der sich entwickelnden Rolle der Technologie in der Führung und untersucht, wie sie nicht nur traditionelle Führungsmodelle verändert, sondern auch die Widerstandsfähigkeit und das Wohlbefinden von Führungskräften und ihren Teams erheblich beeinflusst hat.

Das Aufkommen digitaler Technologien hat eine neue Ära für Führungskräfte eingeläutet, die durch schnelle Kommunikation, den Zugang zu großen Informationsmengen und innovative Tools für das Management von Teams und Projekten gekennzeichnet ist. Die Integration von Technologie in die tägliche Führungspraxis hat es Führungskräften ermöglicht, komplexe Herausforderungen zu meistern, eine bessere Zusammenarbeit im Team zu fördern und fundiertere Entscheidungen zu treffen. Dieser digitale Wandel bringt jedoch auch einzigartige Herausforderungen und Anforderungen mit sich.

Einer der entscheidenden Aspekte dieses Wandels sind die Auswirkungen der ständigen Konnektivität auf das Wohlbefinden von Führungskräften und Teams. Die "Always-on"-Kultur, die durch Smartphones und digitale Kommunikationsplattformen ermöglicht wird, bietet zwar einen unvergleichlichen Zugang und Flexibilität, verwischt aber auch die Grenzen zwischen Arbeit und Privatleben. Diese ständige Konnektivität kann sowohl für Führungskräfte als auch für ihre Teams zu einem erhöhten Stressniveau und zu Problemen bei der Aufrechterhaltung einer gesunden Work-Life-Balance führen.

Der technologische Fortschritt prägt kontinuierlich die Erwartungen und Fähigkeiten, die von Führungskräften gefordert werden. Die Fähigkeit, digitale Tools effektiv zu nutzen, die Auswirkungen von Big Data zu verstehen und die Komplexität der Cybersicherheit zu beherrschen, wird zu einer wesentlichen Kompetenz für moderne Führungskräfte. Gleichzeitig wird von Führungskräften verlangt, dass sie die menschliche Komponente in ihrer Führung beibehalten und technologische Effizienz mit Empathie, Kreativität und emotionaler Intelligenz in Einklang bringen.

Der Blick in die Zukunft zeigt, dass die Rolle neuer Technologien wie künstliche Intelligenz (KI) und Automatisierung in der Führung sowohl spannende Chancen als auch neue Herausforderungen mit sich bringt. Diese Technologien haben das Potenzial, die Führungspraxis weiter zu verändern und bieten neue Möglichkeiten, die Effizienz und Entscheidungsfindung zu verbessern. Sie werfen jedoch auch wichtige Fragen über die Rolle der menschlichen Führung in einer zunehmend automatisierten Welt auf.

In diesem Kapitel werden wir uns mit diesen Aspekten befassen und untersuchen, wie der technologische Fortschritt die Landschaft der Führung umgestaltet. Wir werden sowohl die Chancen als auch die Herausforderungen, die diese digitale Revolution mit sich bringt, untersuchen und Strategien erörtern, mit denen Führungskräfte die Macht der Technologie nutzen und gleichzeitig die Widerstandsfähigkeit und das Wohlbefinden ihrer Teams fördern können. Ziel ist es, ein umfassendes Verständnis für das Zusammenspiel von Technologie, Innovation und Führung in der heutigen Zeit zu vermitteln.

In der heutigen Zeit, in der digitale Tools und Plattformen in fast jedem Aspekt der Arbeit zum Einsatz kommen, sind die Auswirkungen der Technologie auf die Widerstandsfähigkeit und das Wohlbefinden von Führungskräften tiefgreifend und vielschichtig. In diesem Abschnitt des Kapitels wird untersucht, wie diese technologischen Fortschritte traditionelle Führungsmodelle umgestaltet haben und welche Auswirkungen dies auf das Wohlbefinden von Führungskräften und ihren Teams hat.

Digitale Tools und Plattformen haben die Art und Weise, wie Führungskräfte arbeiten, revolutioniert. Sie haben eine größere Flexibilität bei der Arbeitsgestaltung ermöglicht und erlauben die Führung aus der Ferne und das Management globaler Teams. Technologien wie Cloud Computing, Kollaborationssoftware und Kommunikationsplattformen haben es Führungskräften ermöglicht, Aufgaben über verschiedene Zeitzonen und Standorte hinweg zu koordinieren und zu verwalten und so die geografischen Grenzen zu überwinden.

Dieser Wandel hat jedoch auch neue Herausforderungen mit sich gebracht. Die Umstellung auf digitale Arbeitsabläufe bedeutet, dass von Führungskräften erwartet wird, dass sie ständig verbunden und verfügbar sind, was zu dem Phänomen der "Always-on"-Kultur führt. Diese Erwartung der ständigen Erreichbarkeit kann das psychische und physische Wohlbefinden der Führungskräfte beeinträchtigen, da die Grenzen zwischen Arbeit und Privatleben zunehmend verschwimmen. Die ständige Erreichbarkeit kann zu Informationsüberflutung, Entscheidungsmüdigkeit und Schwierigkeiten, sich von der Arbeit zu lösen, führen, was wiederum zu erhöhtem Stress und Burnout führen kann.

Für Teams bieten digitale Tools zwar verbesserte Möglichkeiten der Kommunikation und Zusammenarbeit, doch sie bringen auch Herausforderungen mit sich, wenn es darum geht, das Engagement und den Zusammenhalt des Teams aufrechtzuerhalten. Das Fehlen von persönlichen Gesprächen kann die Teamdynamik beeinträchtigen und zu einem Gefühl der Isolation oder der Unverbundenheit unter den Teammitgliedern führen. Außerdem kann das schnelle Tempo digitaler Arbeitsabläufe eine Arbeitsumgebung mit hohem Druck schaffen, in der die Teammitglieder das Gefühl haben, immer mithalten und reagieren zu müssen.

Führungskräfte stehen daher vor der doppelten Herausforderung, die Technologie für ein effektives Management zu nutzen und gleichzeitig sicherzustellen, dass sie sich nicht negativ auf ihr eigenes Wohlbefinden oder das ihrer Mitarbeiter auswirkt. Für Führungskräfte ist es unerlässlich, ein Gleichgewicht zu finden - die Vorteile digitaler Tools für mehr Produktivität und Effizienz zu nutzen und gleichzeitig Strategien zu implementieren, um die potenziellen negativen Auswirkungen auf die psychische Gesundheit und das Wohlbefinden abzumildern.

Die sich rasch entwickelnde digitale Landschaft erfordert einen Wandel der Führungsansätze, um mit den technologischen Fortschritten und der sich verändernden organisatorischen Dynamik Schritt zu halten. Innovative Führung im digitalen Zeitalter zeichnet sich durch die Bereitschaft aus, sich neue Technologien und Methoden zu eigen zu machen und sie zur Verbesserung der Entscheidungsfindung, der Zusammenarbeit im Team und der gesamten Unternehmensstrategie einzusetzen.

Eines der Markenzeichen innovativer Führung im digitalen Zeitalter ist die Integration digitaler Werkzeuge in die Entscheidungsprozesse. Datenanalyse, künstliche Intelligenz und maschinelles Lernen bieten Führungskräften einen beispiellosen Zugang zu datengestützten Erkenntnissen, die fundiertere und strategische Entscheidungen ermöglichen. Durch den Einsatz dieser Technologien können Führungskräfte Markttrends vorhersehen, Kundenbedürfnisse besser verstehen und Entscheidungen treffen, die nicht nur auf historischen Daten, sondern auch auf prädiktiven Analysen beruhen.

Was die Zusammenarbeit von Teams betrifft, so haben digitale Tools die Art und Weise, wie Teams interagieren und zusammenarbeiten, verändert. Plattformen wie Slack, Microsoft Teams und Asana haben es Teams ermöglicht, effizienter zusammenzuarbeiten, Silos aufzubrechen und eine integrativere und partizipativere Arbeitsumgebung zu fördern. Innovative Führungskräfte setzen diese Tools ein, um die Kommunikation zu verbessern, Arbeitsabläufe zu optimieren und eine Kultur der Zusammenarbeit zu fördern. Sie wissen, wie wichtig es ist, den

Teamzusammenhalt in einer digitalen Umgebung zu erhalten, und arbeiten daran, eine Atmosphäre zu schaffen, in der Remote- und Innendienstteams nahtlos zusammenarbeiten können.

Innovative Führung im digitalen Zeitalter bedeutet auch, die Unternehmensstrategien zu überdenken, um sie an die digitale Welt anzupassen. Dies könnte Initiativen zur digitalen Transformation bedeuten, die traditionelle Geschäftsmodelle überarbeiten, neue Technologien einführen oder Kundenerlebnisse neu gestalten. Führungskräfte haben die Aufgabe, ihr Unternehmen durch diese Veränderungen zu führen und sicherzustellen, dass die Einführung neuer Technologien mit den Zielen und Werten des Unternehmens übereinstimmt.

Die Einführung dieser innovativen Ansätze ist nicht ohne Herausforderungen. Führungskräfte müssen sich mit Fragen der Cybersicherheit, des Datenschutzes und der ethischen Nutzung von Technologie auseinandersetzen. Sie müssen auch die menschliche Komponente der Technologieeinführung berücksichtigen, mit dem Widerstand gegen Veränderungen umgehen und sicherstellen, dass ihre Teams mit den erforderlichen Fähigkeiten und Schulungen ausgestattet sind.

Führung im digitalen Zeitalter ist also ein Balanceakt - neue Technologien zu nutzen und zu integrieren, um die betriebliche Effizienz und die Entscheidungsfindung zu verbessern, und gleichzeitig sicherzustellen, dass diese Fortschritte den übergeordneten Zielen des Unternehmens dienen und den menschlichen Aspekt der Führung nicht überschatten. Auf diese Weise können Führungskräfte ein dynamisches, reaktionsschnelles und zukunftsfähiges Unternehmen schaffen, das sich in der digitalen Landschaft behaupten kann.

Die Nutzung von Technologien für eine effektive Kommunikation und Zusammenarbeit ist zu einem Eckpfeiler moderner Führung geworden, insbesondere bei der Leitung von entfernten und unterschiedlichen Teams. Das digitale Zeitalter bietet eine Fülle von Tools und Plattformen, die dazu dienen, geografische

Unterschiede zu überbrücken, die Interaktion im Team zu verbessern und eine kollaborative Arbeitsumgebung zu fördern.

Virtuelle Meeting-Plattformen wie Zoom, Skype und Google Meet sind für eine effektive Kommunikation in Teams unerlässlich geworden. Sie bieten Videokonferenzfunktionen, die helfen, die Interaktion von Angesicht zu Angesicht zu replizieren, eine wesentliche Komponente für den Aufbau von Vertrauen und Beziehungen zwischen den Teammitgliedern. Diese Plattformen sind von unschätzbarem Wert für die Durchführung von Teambesprechungen, Brainstorming-Sitzungen und Einzelgesprächen und stellen sicher, dass die Kommunikation unabhängig von der räumlichen Entfernung konsistent und effektiv bleibt.

Social-Media-Plattformen spielen auch bei der Kommunikation und Zusammenarbeit von Führungskräften eine besondere Rolle. Führungskräfte nutzen zunehmend Plattformen wie LinkedIn, Twitter und sogar Facebook, um ihre Visionen zu kommunizieren, Neuigkeiten mitzuteilen und sich sowohl mit ihren Teams als auch mit weiteren Interessengruppen auszutauschen. Diese Plattformen bieten eine informelle Möglichkeit, Kontakte zu knüpfen, Erkenntnisse auszutauschen und ein Gefühl der Gemeinschaft und Zugehörigkeit unter den Teammitgliedern zu fördern.

Diese digitalen Kommunikationsmittel haben Möglichkeiten für eine integrativere und vielfältigere Teambeteiligung eröffnet. Teammitglieder, die sich in einer herkömmlichen Besprechung nicht trauen, ihre Meinung zu äußern, finden es vielleicht einfacher, ihre Gedanken und Ideen in einem digitalen Format zu äußern. Dadurch wird sichergestellt, dass eine Vielzahl von Perspektiven gehört und gewürdigt wird, was zu innovativeren Lösungen und einer stärkeren Teamdynamik führt.

Bei der Nutzung dieser technologischen Hilfsmittel für die Kommunikation und Zusammenarbeit müssen Führungskräfte unbedingt auf die digitale Etikette achten und sicherstellen, dass diese Hilfsmittel so eingesetzt werden, dass sie die Teamdynamik fördern und nicht beeinträchtigen. Dazu gehören die

Berücksichtigung unterschiedlicher Zeitzonen, die Förderung gesunder digitaler Kommunikationspraktiken und die Gewährleistung, dass das menschliche Element der Kommunikation im digitalen Medium nicht verloren geht.

Der effektive Einsatz von Technologie für die Kommunikation und Zusammenarbeit ist eine wichtige Fähigkeit für Führungskräfte im digitalen Zeitalter. Sie steigert nicht nur die Effizienz und Produktivität von Teams, sondern spielt auch eine entscheidende Rolle beim Aufbau und Erhalt einer vernetzten, integrativen und engagierten Teamkultur.

Das Aufkommen von Big Data und Analytik hat die Landschaft der Entscheidungsfindung von Führungskräften erheblich verändert. In einer Zeit, in der uns riesige Datenmengen zur Verfügung stehen, ist die Fähigkeit, diese Informationen effektiv zu nutzen, zu einer entscheidenden Komponente der strategischen Führung geworden.

Bei der datengesteuerten Führung werden Big Data, Analysen und Datenwissenschaft als Grundlage für Entscheidungsprozesse genutzt. Dieser Ansatz ermöglicht es Führungskräften, ihre Entscheidungen auf empirische Beweise und analytische Erkenntnisse zu stützen und nicht nur auf Intuition oder frühere Erfahrungen. Big Data bietet eine Fülle von Informationen, die genutzt werden können, um Trends zu erkennen, Ergebnisse vorherzusagen, Abläufe zu optimieren und das Kundenerlebnis zu personalisieren. Die Analyse von Daten zum Kundenverhalten kann beispielsweise zu gezielteren Marketingstrategien führen, während Daten zur Mitarbeiterleistung dazu beitragen können, die Produktivität des Teams zu optimieren und Bereiche für die berufliche Weiterentwicklung zu ermitteln.

Obwohl die Vorteile datengestützter Entscheidungsfindung beträchtlich sind, ist es wichtig, ein Gleichgewicht mit dem menschlichen Element der Führung zu wahren. Entscheidungen im Unternehmenskontext haben oft Auswirkungen, die über das hinausgehen, was Daten quantifizieren können, einschließlich der Auswirkungen auf die Moral der Mitarbeiter, die

Unternehmenskultur und ethische Überlegungen. Daher sollten sich effektive Führungskräfte nicht ausschließlich auf Daten verlassen, sondern diese Erkenntnisse mit ihrem Urteilsvermögen, ihrem Einfühlungsvermögen und ihrem Verständnis für die menschlichen Aspekte ihrer Organisation kombinieren.

Dieses Gleichgewicht ist besonders wichtig in Bereichen wie Talentmanagement, organisatorischer Wandel und Krisenmanagement. Während beispielsweise Daten auf die Notwendigkeit einer organisatorischen Umstrukturierung hinweisen können, müssen Führungskräfte die emotionalen und psychologischen Auswirkungen solcher Veränderungen auf die Mitarbeiter berücksichtigen und diese Aspekte mit Einfühlungsvermögen und klarer Kommunikation bewältigen.

Ethische Erwägungen im Zusammenhang mit Daten, wie z. B. Bedenken hinsichtlich des Datenschutzes, der Datensicherheit und der möglichen Voreingenommenheit bei der Dateninterpretation, müssen ebenfalls im Vordergrund der datengesteuerten Führung stehen. Die Führungskräfte müssen sicherstellen, dass die Daten verantwortungsvoll und ethisch korrekt verwendet werden, mit einem klaren Verständnis für ihre Grenzen und möglichen Verzerrungen.

Big Data und Analysen bieten leistungsstarke Werkzeuge für eine fundierte Entscheidungsfindung, aber eine erfolgreiche Führung im digitalen Zeitalter erfordert eine harmonische Mischung aus datengesteuerten Erkenntnissen und menschlichem Urteilsvermögen. Führungskräfte müssen nicht nur in der Lage sein, Daten zu interpretieren, sondern auch, diese Erkenntnisse so anzuwenden, dass die menschlichen Aspekte ihres Unternehmens respektiert und gefördert werden. Dieses Gleichgewicht ist der Schlüssel zu Entscheidungen, die nicht nur im Hinblick auf die Geschäftsergebnisse klug sind, sondern auch verantwortungsbewusst, ethisch vertretbar und mit den Werten und der Kultur des Unternehmens in Einklang stehen.

Die Integration von Künstlicher Intelligenz (KI) und Automatisierung in Geschäftspraktiken verändert die

Führungslandschaft auf tiefgreifende Weise. Der weitere Fortschritt dieser Technologien bringt eine Mischung aus Herausforderungen und Chancen mit sich, die Führungskräfte bewältigen müssen. KI und Automatisierung verändern die traditionellen Führungsrollen und -praktiken. Sie ermöglichen es Führungskräften, routinemäßige und datenintensive Aufgaben an intelligente Systeme zu delegieren, damit sie sich stärker auf die strategische Planung und Entscheidungsfindung konzentrieren können. Diese Verlagerung kann die Effizienz und Produktivität steigern, erfordert aber auch, dass Führungskräfte neue Fähigkeiten entwickeln, z. B. im Hinblick auf das Verständnis und die Beaufsichtigung von KI-Systemen.

Chancen durch KI und Automatisierung

- Bessere Entscheidungsfindung: KI verschafft Führungskräften durch Datenanalyse, prädiktive Analysen und Trendprognosen tiefere Einblicke. Dies kann zu einer fundierteren und strategischeren Entscheidungsfindung führen.

- Gesteigerte Effizienz: Durch die Automatisierung von Routineaufgaben gewinnen Führungskräfte und ihre Teams Zeit, um sich auf komplexere und kreativere Aufgaben zu konzentrieren, was die Innovation fördert.

- Personalisierung in großem Maßstab: KI ermöglicht personalisierte Erlebnisse für Kunden und Mitarbeiter, die für mehr Engagement und Zufriedenheit genutzt werden können.

Herausforderungen von KI und Automatisierung

- Qualifikationsdefizite: Der Aufstieg von KI und Automatisierung kann zu Qualifikationslücken in der Belegschaft führen. Führungskräfte müssen sicherstellen, dass ihre Teams angemessen geschult und ausgerüstet sind, um mit diesen Technologien zu arbeiten.

- Ethische Erwägungen: Der Einsatz von KI wirft ethische Fragen auf, z. B. zum Datenschutz, zur Voreingenommenheit von Entscheidungsalgorithmen und zur möglichen Verdrängung von Arbeitsplätzen. Führungskräfte müssen mit diesen Fragen verantwortungsbewusst umgehen.

- Das menschliche Element in der Führung: Das Gleichgewicht zwischen Technologie und dem menschlichen Element der Führung ist entscheidend. Führungskräfte müssen sicherstellen, dass der Einsatz von KI und Automatisierung die Bedeutung von menschlichem Urteilsvermögen, Einfühlungsvermögen und ethischen Überlegungen nicht schmälert.

Mit der zunehmenden Integration von KI in den Geschäftsbetrieb müssen Führungskräfte ethische Überlegungen anstellen. Dazu gehören die Gewährleistung von Transparenz bei der Art und Weise, wie KI-Systeme Entscheidungen treffen, der Schutz vor Voreingenommenheit in KI-Algorithmen und die Berücksichtigung des Datenschutzes und der Datensicherheit der Mitarbeiter. Führungskräfte müssen auch die breiteren gesellschaftlichen Auswirkungen ihrer technologischen Entscheidungen berücksichtigen, insbesondere im Hinblick auf die Beschäftigung und den ethischen Einsatz von KI.

Diese Technologien stellen eine große Chance für die Unternehmensführung dar, da sie Werkzeuge für eine bessere Entscheidungsfindung, Effizienz und Personalisierung bieten. Allerdings bringen diese Technologien auch Herausforderungen mit sich, die eine sorgfältige Navigation erfordern. Führungskräfte müssen ein differenziertes Verständnis für diese Technologien entwickeln und sich nicht nur auf die Nutzung ihrer Vorteile konzentrieren, sondern auch auf die ethischen und menschlichen Implikationen, die sie in den Vordergrund moderner Führungspraktiken rücken.

Mit dem Eintritt in das Zeitalter der künstlichen Intelligenz und der Automatisierung erfährt die Führungslandschaft einen bedeutenden Wandel. Die Integration dieser fortschrittlichen

Technologien in die Geschäftsabläufe erfordert eine Reihe neuer Fähigkeiten und Kompetenzen für ein effektives Management.

Das Verständnis der Grundlagen von KI- und Automatisierungstechnologien ist für Führungskräfte unerlässlich geworden. Man muss zwar kein Technikexperte sein, aber ein Grundwissen in diesen Bereichen ist entscheidend, um fundierte Entscheidungen zu treffen und ihre Auswirkungen auf das Unternehmen zu verstehen. Neben diesen technologischen Kenntnissen ist auch eine gute Datenkompetenz erforderlich. Führungskräfte müssen in der Lage sein, Daten zu interpretieren, Erkenntnisse zu gewinnen und dieses Wissen zur Steuerung von Geschäftsstrategien und Entscheidungsfindung einzusetzen.

In dieser neuen Ära kommt der emotionalen Intelligenz eine immer größere Bedeutung zu. Da KI und Automatisierung immer mehr kognitive Aufgaben übernehmen, werden die menschlichen Aspekte der Führung wie Einfühlungsvermögen, emotionales Verständnis und Mitarbeiterführung zentral. Führungskräfte müssen sich darin auszeichnen, ihre Teams zu motivieren, zu inspirieren und mit ihnen in Kontakt zu treten, um ein Gleichgewicht zwischen technologischer Effizienz und menschlicher Note zu gewährleisten.

Der rasche technologische Wandel verlangt von den Führungskräften auch Anpassungsfähigkeit und Flexibilität. Sie müssen offen für neue Arbeitsmethoden sein und bereit, ihre Strategien rasch an den technologischen Fortschritt und die Marktdynamik anzupassen. Neben dieser Anpassungsfähigkeit sind strategischer Weitblick und Voraussicht von entscheidender Bedeutung. Führungskräfte sollten sich nicht nur auf die unmittelbaren Auswirkungen von KI und Automatisierung konzentrieren, sondern auch antizipieren, wie diese Technologien ihre Branche langfristig umgestalten könnten.

Ethische und verantwortungsvolle Führung ist ein weiterer wichtiger Aspekt im Zeitalter der KI. Mit dem Aufkommen dieser Technologien rücken ethische Überlegungen wie Datenschutz, algorithmische Verzerrungen und die gesellschaftlichen

Auswirkungen der Automatisierung in den Vordergrund. Führungskräfte müssen diese Herausforderungen mit Bedacht angehen, den ethischen Einsatz der Technologie sicherstellen und ihre breiteren Auswirkungen auf die Gesellschaft berücksichtigen.

Die Bedeutung von Anpassungsfähigkeit, kontinuierlichem Lernen und digitaler Kompetenz kann gar nicht hoch genug eingeschätzt werden. In einer Welt, in der berufliche Fähigkeiten schnell veralten, ist lebenslanges Lernen unerlässlich. Führungskräfte müssen über technologische Trends auf dem Laufenden bleiben, ihre Fähigkeiten ständig aktualisieren und in ihren Unternehmen ein Umfeld des Lernens und der Innovation fördern.

Die Vorbereitung auf die Zukunft in einem von KI und Automatisierung bestimmten Umfeld erfordert eine harmonische Mischung aus technischem Wissen, emotionaler Intelligenz, strategischem Denken und ethischer Führung. Diese Eigenschaften sind für Führungskräfte entscheidend, um die Komplexität dieser neuen Ära zu bewältigen und ihre Organisationen zu nachhaltigem Erfolg und Innovation zu führen.

Die Integration von Technologie in Programme zur Führungskräfteentwicklung ist eine wichtige Strategie, um Führungskräfte auf die Herausforderungen des digitalen Zeitalters vorzubereiten. Da die Technologie die Unternehmenslandschaft immer weiter umgestaltet, muss sich auch die Ausbildung von Führungskräften weiterentwickeln, um ihnen die Fähigkeiten und das Verständnis zu vermitteln, die sie für den Erfolg in diesem neuen Umfeld benötigen.

Die Nutzung der virtuellen Realität (VR) in der Führungsausbildung ist ein wachsender Trend. VR bietet eine immersive Lernerfahrung, die es Führungskräften ermöglicht, ihre Fähigkeiten in einer realistischen, aber kontrollierten Umgebung zu üben und zu verfeinern. Mit VR-Simulationen können beispielsweise komplexe zwischenmenschliche Szenarien wie Konfliktlösung, Veränderungsmanagement oder Krisenbewältigung nachgestellt werden, so dass die

Führungskräfte mit verschiedenen Ansätzen experimentieren und sofortiges Feedback erhalten können. Diese praktische Erfahrung ist von unschätzbarem Wert für die Entwicklung von Fähigkeiten, die in herkömmlichen Unterrichtsräumen nur schwer zu vermitteln sind.

Simulationen im weiteren Sinne sind ein weiteres wirksames Instrument für die Entwicklung von Führungskräften. Sie können reale geschäftliche Herausforderungen und Umgebungen nachbilden und ermöglichen es Führungskräften, ihre Entscheidungsfähigkeit, Anpassungsfähigkeit und ihr strategisches Denken zu testen. Diese Simulationen beinhalten oft Elemente wie Teamdynamik, Wettbewerbsdruck und betriebliche Zwänge, so dass die Führungskräfte einen ganzheitlichen Überblick über die Herausforderungen erhalten, mit denen sie konfrontiert werden könnten.

Online-Lernplattformen spielen ebenfalls eine wichtige Rolle bei der Entwicklung von Führungskräften. Durch die Verfügbarkeit eines breiten Spektrums an Kursen und Ressourcen können Führungskräfte nach Belieben auf Lernmaterialien zugreifen, was ihnen mehr Flexibilität auf ihrem Entwicklungsweg ermöglicht. Diese Plattformen bieten Kurse in Bereichen wie Datenanalyse, digitale Transformationsstrategien, KI-Grundlagen und ethische Führung an und vermitteln Führungskräften das Wissen, das sie benötigen, um sich in der digitalen Landschaft zurechtzufinden. Darüber hinaus fördern viele dieser Plattformen das kollaborative Lernen und ermöglichen es Führungskräften, sich mit Gleichgesinnten auf der ganzen Welt zu verbinden, Erfahrungen auszutauschen und voneinander zu lernen.

Die Integration von Technologie in die Führungskräfteentwicklung bedeutet auch, dass traditionelle Lernmethoden mit digitalen Ansätzen kombiniert werden. So können beispielsweise Online-Module oder Webinare als Teil eines umfassenderen Programms zur Führungskräfteentwicklung eine umfassendere Lernerfahrung bieten. Dieser kombinierte Ansatz stellt sicher, dass Führungskräfte nicht nur ihre technischen und digitalen Fähigkeiten entwickeln, sondern auch ihre Soft Skills und ihr strategisches Denken weiter ausbauen.

Die Einbindung von Technologie in Programme zur Entwicklung von Führungskräften ist entscheidend für die Vorbereitung von Führungskräften auf das digitale Zeitalter. Durch den Einsatz von VR, Simulationen und Online-Lernplattformen können diese Programme interaktive, realistische und flexible Lernerfahrungen bieten. Durch den Einsatz dieser technologischen Hilfsmittel können Programme zur Führungskräfteentwicklung aktuellen und zukünftigen Führungskräften die Fähigkeiten, das Wissen und die Denkweise vermitteln, die sie benötigen, um die Komplexität der digitalen Geschäftswelt effektiv zu bewältigen.

Die Untersuchung der Schnittmenge zwischen Technologie, Innovation und Führung zeigt eine Landschaft, in der Anpassungsfähigkeit, kontinuierliches Lernen und eine zukunftsorientierte Denkweise für eine effektive Führung entscheidend sind. Die wichtigsten Erkenntnisse aus dieser Untersuchung verdeutlichen die tiefgreifenden Auswirkungen des technologischen Fortschritts auf die Führungspraxis und die Notwendigkeit für Führungskräfte, sich mit diesen Veränderungen weiterzuentwickeln.

Technologie und digitale Tools haben die Führungsmodelle grundlegend verändert und bieten neue Möglichkeiten zur Verbesserung von Entscheidungsfindung, Kommunikation und Teamzusammenarbeit. Das Aufkommen von Big Data, künstlicher Intelligenz und Automatisierung birgt sowohl Chancen als auch Herausforderungen und verlangt von den Führungskräften, die Vorteile dieser Technologien mit ethischen Überlegungen und dem menschlichen Element der Führung in Einklang zu bringen.

Emotionale Intelligenz, Anpassungsfähigkeit und ein ausgeprägter ethischer Kompass haben sich im digitalen Zeitalter als wichtige Kompetenzen erwiesen. Da die Technologie immer mehr kognitive und Routineaufgaben übernimmt, werden die menschlichen Aspekte der Führung immer wichtiger.

Führungskräfte müssen die Komplexität eines technologiegesteuerten Geschäftsumfelds bewältigen und gleichzeitig sicherstellen, dass Empathie, Kreativität und ethische Überlegungen im Vordergrund stehen.

Die Rolle der Technologie in Programmen zur Entwicklung von Führungskräften unterstreicht die Bedeutung der Vorbereitung aktueller und künftiger Führungskräfte auf die sich wandelnde Unternehmenslandschaft. Der Einsatz von VR, Simulationen und Online-Lernplattformen in der Führungsausbildung trägt entscheidend dazu bei, die Führungskräfte mit den notwendigen Fähigkeiten und Kenntnissen auszustatten, um im digitalen Zeitalter erfolgreich zu sein.

Die digitale Transformation der Geschäftswelt erfordert eine entsprechende Entwicklung in der Führung. Der Schlüssel zu einer erfolgreichen Führung in diesem Umfeld liegt darin, den technologischen Fortschritt anzunehmen, eine Kultur des kontinuierlichen Lernens und der Anpassungsfähigkeit zu fördern und den Fokus auf die menschlichen Aspekte der Führung zu legen. Führungskräfte, die in der Lage sind, Technologie effektiv in ihre Arbeit zu integrieren und gleichzeitig ihre emotionale Intelligenz und ethischen Werte zu bewahren, werden gut gerüstet sein, um ihre Organisationen durch die Herausforderungen und Chancen des digitalen Zeitalters zu führen. Dieses Kapitel unterstreicht die Notwendigkeit für Führungskräfte, sich ständig anzupassen und weiterzuentwickeln, um ihre Widerstandsfähigkeit und Effektivität in einer sich ständig verändernden technologischen Landschaft zu gewährleisten.

Kapitel 9: Die globale Perspektive der resilienten Führung

In der heutigen vernetzten Welt geht das Konzept der Führung über geografische und kulturelle Grenzen hinaus, so dass eine globale Perspektive der Führung wichtiger denn je ist. In diesem Kapitel wird zunächst die zunehmende Bedeutung einer solchen Perspektive erörtert und das Konzept der resilienten Führung in diesem breiten, vielfältigen Kontext vorgestellt.

Globale Führung beschränkt sich nicht nur auf die Führung in verschiedenen Ländern, sondern umfasst auch das Verständnis und die Bewältigung der Komplexität unterschiedlicher Kulturen, Volkswirtschaften und politischer Landschaften. In einer Zeit, die von einer rasanten Globalisierung geprägt ist, stehen Führungskräfte an der Spitze von Teams, die sich über Kontinente hinweg erstrecken und jeweils ihre eigenen Werte, Überzeugungen und Arbeitsweisen mitbringen. Diese globale Dynamik erfordert einen Führungsansatz, der nicht nur anpassungsfähig und flexibel, sondern auch kultursensibel und integrativ ist.

Resiliente Führung in einem globalen Kontext erhält eine neue Dimension. Sie beinhaltet die Fähigkeit, nicht nur organisatorischen oder lokalen Herausforderungen standzuhalten und sich zu behaupten, sondern auch solchen, die globaler Natur sind. Dazu gehören beispielsweise die Bewältigung internationaler Krisen, die Leitung kulturübergreifender Teams oder der Umgang mit globalen wirtschaftlichen Schwankungen. Resiliente Führungspersönlichkeiten müssen daher über ein tiefes Verständnis für globale Angelegenheiten, eine Wertschätzung für kulturelle Vielfalt und die Fähigkeit verfügen, globale Trends und

Herausforderungen zu antizipieren und wirksam darauf zu reagieren.

Dieses Kapitel bietet eine umfassende Untersuchung dessen, was es bedeutet, eine resiliente Führungskraft in einem globalen Kontext zu sein. Es bereitet den Leser darauf vor, sich mit den Nuancen einer kulturübergreifenden Führung, den Herausforderungen bei der Leitung geografisch verteilter Teams und den Strategien zu befassen, die eingesetzt werden können, um Resilienz und Wohlbefinden auf globaler Ebene aufzubauen und zu erhalten. Ziel ist es, Führungskräfte mit dem Wissen und den Fähigkeiten auszustatten, die für eine erfolgreiche Führung in einer zunehmend globalisierten Welt erforderlich sind.

In diesem Abschnitt geht das Buch auf die komplexe Art und Weise ein, in der kulturelle Hintergründe die Wahrnehmung und Praxis von Resilienz und Wohlbefinden prägen. Das Verständnis dieser kulturellen Nuancen ist für Führungskräfte, die in einem globalen Kontext tätig sind, von entscheidender Bedeutung, da Resilienz und Wohlbefinden keine universell definierten Konzepte sind, sondern stark von kulturellen Werten und Normen beeinflusst werden.

Kulturen auf der ganzen Welt haben unterschiedliche Ansätze im Umgang mit Widrigkeiten, Stress und Herausforderungen. In einigen Kulturen wird Resilienz beispielsweise als die Fähigkeit angesehen, Schwierigkeiten klaglos zu ertragen, während sie in anderen Kulturen dazu führen kann, dass Kämpfe offen ausgesprochen und geteilt werden, um sie zu überwinden. Auch die Konzepte des Wohlbefindens können sehr unterschiedlich sein - von individualistischen Perspektiven, die sich auf persönliche Leistung und Erfüllung konzentrieren, bis hin zu kollektivistischen Ansichten, die das Wohlbefinden und die Harmonie der Gemeinschaft betonen.

Führungskräfte müssen erkennen, dass diese kulturellen Unterschiede Auswirkungen darauf haben, wie Teammitglieder auf Stress reagieren, wie sie Herausforderungen kommunizieren und welche Unterstützungsmechanismen sie schätzen. Dieses

Verständnis ist entscheidend für die Entwicklung von Resilienzstrategien, die kulturell angemessen und wirksam sind. So kann eine Initiative zur Stärkung der Resilienz, die in einem westlichen Unternehmen gut funktioniert, in einem ostasiatischen Team, in dem eine andere kulturelle Dynamik herrscht, nicht die gleiche Wirkung haben.

Kulturelle Sensibilität spielt eine zentrale Rolle bei der Förderung einer widerstandsfähigen Führung. Dazu gehören die Anerkennung und Wertschätzung unterschiedlicher kultureller Perspektiven, die Anpassung des Führungsstils, um mehr Integration zu ermöglichen, und die Schaffung eines Umfelds, in dem sich alle Teammitglieder verstanden und unterstützt fühlen. Führungskräfte müssen sich ihrer eigenen kulturellen Voreingenommenheit bewusst sein und offen dafür sein, von und über andere kulturelle Praktiken und Sichtweisen zu lernen.

Erfolgreiche globale Führungskräfte verfolgen häufig einen kulturadaptiven Ansatz, indem sie ihre Kommunikations-, Entscheidungs- und Konfliktlösungsstrategien auf den kulturellen Kontext ihrer Teams abstimmen. Auf diese Weise bauen sie Vertrauen und Respekt auf, die die Grundlage für den Zusammenhalt und die Widerstandsfähigkeit des Teams bilden.

Führungskräfte müssen kulturübergreifende Interaktionen und Lernprozesse innerhalb ihrer Teams fördern. Dies fördert nicht nur die kulturelle Sensibilität, sondern bereichert auch die kollektiven Fähigkeiten und Perspektiven des Teams und trägt zu einer belastbareren und anpassungsfähigeren Teamdynamik bei.

Das Bewusstsein und die Wertschätzung kultureller Unterschiede in Bezug auf Widerstandsfähigkeit und Wohlbefinden sind in der heutigen globalen Führungslandschaft unverzichtbar. Wenn man diese Unterschiede annimmt und in die Führungspraxis integriert, geht es nicht nur darum, die Effektivität zu steigern, sondern auch darum, ein Umfeld zu schaffen, das von gegenseitigem Respekt und Verständnis geprägt ist. Führungskräfte, die sich erfolgreich in dieser vielfältigen kulturellen Landschaft bewegen, tun dies, indem sie aktiv aus verschiedenen kulturellen Kontexten lernen, ihre Ansätze anpassen und eine Kultur der Inklusion und des Lernens innerhalb ihrer Teams fördern. Eine solche Führung stärkt nicht nur die Widerstandsfähigkeit von Einzelpersonen und Teams, sondern bereichert auch die Organisation um eine Vielzahl von Perspektiven und Problemlösungsansätzen und ebnet den Weg für ein anpassungsfähigeres und robusteres globales Führungsmodell.

Die Leitung von Teams mit unterschiedlichen kulturellen, ethnischen und sprachlichen Hintergründen birgt eine Reihe von Schwierigkeiten und Chancen. Die Vielfalt in einem Team kann die Kreativität, die Problemlösung und die Entscheidungsfindung erheblich verbessern, da sie ein breites Spektrum an Perspektiven und Erfahrungen zusammenbringt. Sie birgt jedoch auch Herausforderungen in Form von Kommunikationsbarrieren, kulturellen Missverständnissen und unterschiedlichen Arbeitsstilen.

Eine der Hauptschwierigkeiten bei der Führung unterschiedlicher Teams ist die effektive Kommunikation. Sprachliche Unterschiede und unterschiedliche Kommunikationsstile können zu Missverständnissen oder Fehlinterpretationen führen. Außerdem können kulturelle Normen die Teamdynamik und die Interaktionen stark beeinflussen. In einigen Kulturen ist es beispielsweise nicht üblich, Autoritäten in Frage zu stellen oder in Besprechungen das Wort zu ergreifen, während in anderen Kulturen offene Diskussionen und Durchsetzungsvermögen gefördert werden. Das Verständnis dieser Nuancen ist für Führungskräfte entscheidend, um eine effektive Zusammenarbeit im Team zu ermöglichen.

Um ein integratives Umfeld zu schaffen, in dem Vielfalt respektiert und genutzt wird, können Führungskräfte verschiedene Strategien anwenden:

1. Schulung des kulturellen Bewusstseins: Regelmäßige Schulungen zum Thema kulturelles Bewusstsein und Sensibilität können den Teammitgliedern helfen, die

Hintergründe der anderen zu verstehen und zu schätzen und so Vorurteile und Stereotypen abzubauen.

2. Integrative Kommunikationspraktiken: Führungskräfte sollten Kommunikationspraktiken einführen, die den verschiedenen Teammitgliedern entgegenkommen. Dies könnte die Bereitstellung von sprachlicher Unterstützung, die Förderung verschiedener Ausdrucksformen und die Beachtung nonverbaler Kommunikationshinweise beinhalten.

3. Vielfalt zelebrieren: Kulturelle Ereignisse, Traditionen und Feiertage von Teammitgliedern anzuerkennen und zu feiern, kann ein integratives Umfeld fördern und Respekt für unterschiedliche Hintergründe zeigen.

4. Ermutigung zu vielfältigen Perspektiven: Die Führungskräfte sollten alle Teammitglieder aktiv zur Teilnahme ermutigen und einen sicheren Raum schaffen, in dem sie ihre Meinung äußern können. Dies kann durch strukturierte Brainstorming-Sitzungen, offene Foren oder anonyme Feedback-Kanäle geschehen.

5. Faire und integrative Politiken: Die Entwicklung und Umsetzung fairer und inklusiver Arbeitsplatzrichtlinien, wie z. B. flexible Arbeitszeiten, um unterschiedlichen Zeitzonen oder kulturellen Gepflogenheiten Rechnung zu tragen, kann zur Schaffung eines gerechten Arbeitsumfelds beitragen.

6. Vorbilder für integratives Verhalten: Die Führungskräfte selbst sollten integratives Verhalten vorleben. Dazu gehört, offen für Feedback zu sein, persönliche Vorurteile anzuerkennen und im Umgang mit Teammitgliedern Empathie und Respekt zu zeigen.

7. Aufbau einer Kultur des Vertrauens: Der Aufbau einer Vertrauenskultur, in der Unterschiede geschätzt werden und in der die Teammitglieder sich gegenseitig respektieren, ist von zentraler Bedeutung. Dazu gehört nicht nur die rasche und

faire Lösung von Konflikten, sondern auch der Aufbau starker zwischenmenschlicher Beziehungen innerhalb des Teams.

8. Die erfolgreiche Führung vielfältiger Teams erfordert ein starkes Engagement für Inklusion, die Bereitschaft zu lernen und sich anzupassen sowie einen proaktiven Ansatz zur Förderung eines Umfelds, in dem sich alle Teammitglieder wertgeschätzt und gehört fühlen. Indem sie die Vielfalt in ihren Teams anerkennen und nutzen, können Führungskräfte eine Fülle innovativer Ideen und Perspektiven freisetzen, die das Unternehmen zu größerem Erfolg auf dem globalen Parkett führen.

In der heutigen globalisierten Welt stellt die Führung von entfernten und geografisch verstreuten Teams eine besondere Herausforderung dar, die einen neu definierten Führungsansatz erfordert. Das Wesentliche an der Führung aus der Ferne ist die Überwindung der physischen Distanz und die Schaffung eines Gefühls der Nähe und des Zusammenhalts zwischen Teammitgliedern, die sich vielleicht nie persönlich treffen.

Eine der größten Herausforderungen bei der Führung von Mitarbeitern aus der Ferne ist die Schaffung und Aufrechterhaltung der Einheit des Teams. Ohne die physische Präsenz und die organischen Interaktionen eines traditionellen Büroumfelds müssen Führungskräfte im Außendienst innovative Wege finden, um ein Gefühl der Zugehörigkeit und des Teamgeistes zu fördern. Dazu gehört nicht nur die regelmäßige Kommunikation, sondern auch die Schaffung von Gelegenheiten für Teammitglieder, sich auf einer persönlichen Ebene auszutauschen, Erfahrungen zu teilen und Beziehungen aufzubauen, die über arbeitsbezogene Aufgaben hinausgehen.

Die Kommunikation in Remote-Teams ist ein heikles Gleichgewicht. Sie erfordert strukturierte Ansätze, wie z. B. regelmäßige Teambesprechungen und Einzelgespräche, um sicherzustellen, dass alle informiert und auf die Ziele des Teams ausgerichtet sind. Genauso wichtig ist es jedoch, diese Interaktionen zu nutzen, um den Anliegen und Ideen der

Teammitglieder aktiv zuzuhören und so eine offene und transparente Kommunikationsumgebung zu fördern.

Die Rolle der Technologie bei der Führung von Remote-Teams kann gar nicht hoch genug eingeschätzt werden. Digitale Werkzeuge für die Kommunikation und Zusammenarbeit sind die Lebensadern von Remote-Teams. Durch den effektiven Einsatz dieser Tools kann die durch die räumliche Entfernung verursachte Kluft überbrückt werden, was eine nahtlose Zusammenarbeit ermöglicht und sicherstellt, dass sich kein Teammitglied isoliert fühlt.

Die Zeitplanung in einem Team, das aus der Ferne arbeitet, erfordert Einbindung und Rücksichtnahme auf unterschiedliche Zeitzonen und persönliche Zeitpläne. Es geht darum, eine gemeinsame Basis zu finden, auf der alle Teammitglieder interagieren können, ohne sich durch ungünstige Zeitpunkte belastet zu fühlen.

Autonomie und Vertrauen sind die Eckpfeiler der Führung von Mitarbeitern aus der Ferne. Indem sie den Teammitgliedern die Befugnis erteilen, ihre Aufgaben zu bewältigen, und ihnen Vertrauen in ihre Fähigkeiten entgegenbringen, können die Führungskräfte eine Kultur der Verantwortung und Rechenschaftspflicht fördern. Diese Ermächtigung, gekoppelt mit regelmäßiger Anerkennung der Leistungen des Einzelnen und des Teams, steigert die Moral und die Motivation.

Die psychische Gesundheit und das Wohlbefinden der Mitglieder von Remote-Teams sind von größter Bedeutung. Die Führungskräfte von Remote-Teams müssen auf die Anzeichen von Burnout oder Desengagement achten und ein Umfeld schaffen, in dem die Vereinbarkeit von Beruf und Privatleben gefördert wird und Ressourcen für die psychische Gesundheit zugänglich sind.

Remote Leadership erfordert eine Mischung aus Einfühlungsvermögen, strategischer Kommunikation und technologischer Versiertheit. Es geht darum, ein kohärentes und kollaboratives Umfeld zu schaffen, in dem sich jedes

Teammitglied geschätzt und unterstützt fühlt, unabhängig von seinem physischen Standort. Wenn Führungskräfte diese Aspekte beherrschen, können sie widerstandsfähige Teams aufbauen, die auch in einem entfernten oder globalen Umfeld erfolgreich arbeiten können.

Fallstudie 1: Führung in multinationalen Konzernen, Satya Nadella bei Microsoft

Satya Nadella übernahm 2014 das Amt des CEO von Microsoft und trat damit in eine Rolle ein, die eine transformative Führung in einem der bekanntesten multinationalen Technologieunternehmen der Welt erforderte. Unter seiner Führung erlangte Microsoft nicht nur seine Position als Technologieführer zurück, sondern vollzog auch einen bedeutenden kulturellen Wandel. Nadellas Ansatz für das Management der kulturellen Vielfalt bei Microsoft basierte auf Empathie und Inklusivität. Er erkannte die Vielfalt der globalen Belegschaft von Microsoft und betonte, wie wichtig es ist, unterschiedliche Perspektiven und Hintergründe zu verstehen und zu respektieren. Er förderte aktiv eine Kultur, in der unterschiedliche Meinungen geschätzt wurden und die Mitarbeiter sich ermächtigt fühlten, ihre Ideen zu äußern.

Eine der wichtigsten Strategien Nadellas war es, den Schwerpunkt des Unternehmens von einer "Alleswisser"-Kultur zu einer "Alles-Lern-Kultur" zu verlagern. Diese Veränderung förderte kontinuierliches Lernen und Anpassung, Schlüsselaspekte der Führung eines vielfältigen globalen Teams. Außerdem führte er Richtlinien und Programme ein, die darauf abzielen, die Vielfalt und Integration auf allen Ebenen des Unternehmens zu erhöhen, von der Einstellung über die Ausbildung bis hin zu den beruflichen Entwicklungsmöglichkeiten.

Nadella konzentrierte sich darauf, eine Unternehmenskultur zu schaffen, die sich an technologische Veränderungen und Marktschwankungen anpassen und gedeihen kann. Er führte Initiativen ein, die Innovation, Agilität und eine Wachstumsmentalität fördern. Unter seiner Führung investierte

Microsoft stark in Cloud Computing und KI-Technologien und führte das Unternehmen in neue, wachstumsstarke Bereiche. Er betonte die psychologische Sicherheit, die es den Mitarbeitern ermöglichte, Risiken einzugehen und aus Fehlern zu lernen, ohne negative Konsequenzen befürchten zu müssen. Dieser Ansatz förderte ein Umfeld des Vertrauens und der Zusammenarbeit, in dem sich die Mitarbeiter unterstützt und wertgeschätzt fühlten.

Sein Führungsstil ist ein Paradebeispiel dafür, wie Empathie, Inklusivität und die Konzentration auf kontinuierliches Lernen die Kultur eines multinationalen Unternehmens verändern können. Seine Fähigkeit, kulturelle Vielfalt zu schätzen und zu nutzen, trug wesentlich zum Aufbau einer widerstandsfähigen und anpassungsfähigen Unternehmenskultur bei. Unter seiner Führung erzielte Microsoft nicht nur einen bemerkenswerten finanziellen Erfolg, sondern wurde auch zu einem weltweiten Vorbild für eine integrative und innovative Unternehmenskultur.

Diese Fallstudie über Satya Nadella bei Microsoft zeigt, wie eine effektive Führung, die auf dem Verständnis und der Nutzung kultureller Vielfalt beruht, zur Schaffung einer widerstandsfähigen und dynamischen Organisationskultur in einem multinationalen Unternehmen führen kann. Nadellas Strategien und Ansätze bieten wertvolle Einblicke für Führungskräfte, die sich bemühen, Vielfalt zu managen und die Resilienz in ihren eigenen globalen Organisationen zu fördern.

Fallstudie 2: Indra Nooyi bei PepsiCo während der Finanzkrise 2008

Indra Nooyi stand als CEO von PepsiCo, einem der größten multinationalen Lebensmittel- und Getränkekonzerne, während der weltweiten Finanzkrise 2008 vor einer großen Herausforderung. Die Krise bedrohte nicht nur die finanzielle Stabilität von PepsiCo, sondern auch die globale Belegschaft und den Kundenstamm. Nooyis Führungsstil in dieser turbulenten Zeit war geprägt von strategischer Weitsicht und einem tiefen Verständnis für kulturelle Nuancen auf dem globalen Markt. Sie erkannte, dass sich die Krise in den verschiedenen Regionen unterschiedlich auswirken würde, und richtete ihren Ansatz auf die spezifischen Bedürfnisse und Herausforderungen in jeder Region aus.

Eine ihrer wichtigsten Strategien bestand darin, eine offene und transparente Kommunikation mit den Mitarbeitern in aller Welt zu pflegen. Sie erkannte die Herausforderungen an, die die Krise mit sich brachte, und teilte klare Pläne mit, wie das Unternehmen die Krise zu meistern gedachte. Dieser Ansatz trug dazu bei, Vertrauen zu schaffen und den Mitarbeitern die Stabilität des Unternehmens zu versichern. Nooyi verstand die unterschiedlichen kulturellen Kontexte der weltweiten PepsiCo-Aktivitäten und betonte die Bedeutung kultureller Sensibilität in ihrer Kommunikation. Sie stellte sicher, dass die Botschaften nicht nur übersetzt, sondern auch kulturell angepasst wurden, um bei den Mitarbeitern in den verschiedenen Regionen Anklang zu finden. Diese Sensibilität trug dazu bei, die Moral und das Engagement der Mitarbeiter in einer Zeit der Unsicherheit aufrechtzuerhalten.

Nooyi unternahm Schritte, um sicherzustellen, dass die lokalen Führungskräfte befugt waren, Entscheidungen zu treffen, die für ihre Regionen am besten geeignet waren, und förderte so das Gefühl der lokalen Eigenverantwortung bei gleichzeitiger Beibehaltung einer einheitlichen globalen Strategie. Sie kommunizierte regelmäßig mit den regionalen Führungskräften und sammelte Erkenntnisse und Feedback, die dazu beitrugen, die allgemeine Reaktion des Unternehmens auf die Krise zu gestalten.

Indra Nooyis Führung während der Finanzkrise 2008 zeigt, wie wichtig kulturelle Sensibilität und effektive Kommunikation im Krisenmanagement sind, insbesondere in einem globalen Kontext. Ihre Fähigkeit, sich in die unterschiedlichen Erfahrungen der Mitarbeiter einzufühlen und ihre Strategien entsprechend anzupassen, spielte eine entscheidende Rolle bei der Steuerung von PepsiCo durch eine der schwierigsten Phasen der jüngeren Wirtschaftsgeschichte.

Diese Fallstudie von Indra Nooyi bei PepsiCo während der Finanzkrise 2008 zeigt, wie das Verständnis kultureller Unterschiede und das Engagement einer Führungskraft für eine klare, kulturell abgestimmte Kommunikation entscheidend für die erfolgreiche Bewältigung einer globalen Krise sein können. Ihr Ansatz bietet wertvolle Lektionen für Führungskräfte, die vor ähnlichen globalen Herausforderungen stehen, und unterstreicht die Bedeutung von kulturellem Bewusstsein, Empathie und adaptiven Kommunikationsstrategien in der Krisenführung.

In der globalen Führung erweist sich Empathie als entscheidende Eigenschaft für das Verständnis und die effektive Führung vielfältiger Teams. Empathie, die Fähigkeit, die Gefühle eines anderen zu verstehen und zu teilen, ist besonders in einem globalen Kontext von zentraler Bedeutung, in dem Führungskräfte häufig mit einer Vielzahl kultureller, ethnischer und sprachlicher Unterschiede konfrontiert sind.

Die Bedeutung von Empathie in der globalen Führung kann gar nicht hoch genug eingeschätzt werden. Sie ermöglicht es den Führungskräften, tiefere Verbindungen zu Teammitgliedern mit unterschiedlichem Hintergrund aufzubauen und so ein Gefühl des Vertrauens und des Respekts zu fördern. Wenn Führungskräfte Empathie zeigen, erkennen sie die einzigartigen Erfahrungen und Perspektiven jedes Teammitglieds an und schaffen ein integratives Umfeld, in dem sich jeder wertgeschätzt und verstanden fühlt. Nur so kann das Potenzial vielfältiger Teams voll ausgeschöpft, Kreativität freigesetzt und Innovation gefördert werden.

Empathie trägt wesentlich dazu bei, die Widerstandsfähigkeit globaler Teams zu stärken. Wenn Führungskräfte die Herausforderungen und Stressfaktoren verstehen, mit denen Teammitglieder in verschiedenen Regionen konfrontiert sein können, können sie die entsprechende Unterstützung und Ressourcen bereitstellen. Einfühlsame Führungskräfte sind besser in der Lage, die Bedürfnisse ihres Teams vorherzusehen und darauf zu reagieren, was dazu beiträgt, Burnout zu vermeiden und die Arbeitsmoral zu erhalten, selbst unter schwierigen Bedingungen.

In der Praxis bedeutet einfühlsame globale Führung aktives Zuhören, bei dem die Führungskräfte den Anliegen und Ideen ihrer Teammitglieder aufrichtig Beachtung schenken. Dazu gehört auch kulturelle Sensibilität - das Verständnis der kulturellen Nuancen, die Kommunikation und Verhalten beeinflussen, und die Anpassung des Führungsstils, um in verschiedenen kulturellen Kontexten effektiver zu sein.

Empathie in der globalen Führung erstreckt sich auch auf die Entscheidungsfindung. Einfühlsame Führungskräfte berücksichtigen die Auswirkungen ihrer Entscheidungen auf ihr vielfältiges Team und stellen sicher, dass die Richtlinien und Strategien fair, inklusiv und kultursensibel sind. Diese Rücksichtnahme hilft beim Aufbau einer widerstandsfähigen Unternehmenskultur, die sich angesichts globaler Herausforderungen anpassen und weiterentwickeln kann. Mitgefühl ist eine wichtige Zutat im Rezept für erfolgreiche globale Führung. Es überbrückt kulturelle Unterschiede, fördert die Einheit des Teams und bildet die Grundlage für eine widerstandsfähige und anpassungsfähige Unternehmenskultur. Indem sie Empathie in den Vordergrund stellen, können globale Führungskräfte ein Umfeld schaffen, in dem sich unterschiedliche Teams respektiert, geschätzt und voll engagiert fühlen und so zum Gesamterfolg und zur Nachhaltigkeit des Unternehmens auf dem globalen Markt beitragen.

Im Zusammenhang mit globaler Führung spielt die Technologie eine zentrale Rolle bei der Unterstützung belastbarer Führungspraktiken. Die Weiterentwicklung digitaler Tools, Datenanalysen und künstlicher Intelligenz (KI) hat die Art und Weise, wie globale Teams verwaltet werden, verändert und ermöglicht es Führungskräften, die Komplexität einer vielfältigen und verstreuten Belegschaft effektiver zu bewältigen.

Der Grundstein für die Leitung globaler Teams ist eine effektive Kommunikation, und die Technologie hat diesen Aspekt der

Führung revolutioniert. Digitale Kommunikationsmittel wie E-Mail, Instant-Messaging-Plattformen, Videokonferenzen und Kollaborationssoftware haben es möglich gemacht, mit Teammitgliedern auf der ganzen Welt kontinuierlich und in Echtzeit in Verbindung zu bleiben. Diese Tools sind für Führungskräfte unverzichtbar geworden, wenn es darum geht, das Tagesgeschäft zu managen, Besprechungen zu moderieren und sicherzustellen, dass die Teammitglieder unabhängig von ihrem physischen Standort in Verbindung bleiben und sich an den Zielen des Unternehmens orientieren.

Die Datenanalyse verschafft Führungskräften Einblicke, die für fundierte Entscheidungen in einem globalen Kontext entscheidend sind. Durch die Analyse von Daten aus verschiedenen Märkten und Segmenten können Führungskräfte Trends verstehen, Ergebnisse vorhersagen und strategische Entscheidungen treffen, die mit lokalen und globalen Geschäftszielen in Einklang stehen. Mit Hilfe von Analysen lassen sich Muster in der Mitarbeiterleistung, im Kundenverhalten und in der Marktdynamik erkennen, so dass Führungskräfte ihre Strategien auf verschiedene Regionen und kulturelle Kontexte abstimmen können.

KI wird zunehmend eingesetzt, um die Entscheidungsfindung und die betriebliche Effizienz bei der Verwaltung globaler Teams zu verbessern. KI-gesteuerte Tools können Routineaufgaben automatisieren, Arbeitsabläufe optimieren und vorausschauende Erkenntnisse liefern, sodass sich Führungskräfte auf die strategische Planung und Entscheidungsfindung konzentrieren können. Darüber hinaus kann KI bei der Personalisierung von Mitarbeitererfahrungen helfen, vom Onboarding bis zur beruflichen Entwicklung, indem sie die individuellen Präferenzen und Leistungen analysiert. KI-Technologien können durch Echtzeit-Übersetzungsdienste und verbesserte Kommunikationstools dabei helfen, Sprachbarrieren zu überwinden - eine häufige Herausforderung in globalen Teams. Dies verbessert nicht nur das Verständnis und die Zusammenarbeit, sondern trägt auch zu einer integrativen und kohäsiven Teamumgebung bei.

Technologie ist eine wichtige Voraussetzung für eine widerstandsfähige Führung in einem globalen Kontext. Digitale Kommunikationstools, Datenanalyse und künstliche Intelligenz sind nicht nur Annehmlichkeiten, sondern wesentliche Komponenten, die Führungskräfte in die Lage versetzen, ihre Teams über Grenzen hinweg effektiv zu führen. Durch den Einsatz dieser Technologien können globale Führungskräfte die Kommunikation verbessern, datengestützte Entscheidungen treffen und das Teammanagement optimieren und so einen widerstandsfähigen und anpassungsfähigen Führungsansatz entwickeln, der in der Lage ist, die Komplexität des globalen Geschäftsumfelds zu bewältigen.

Mit der zunehmenden Globalisierung der Geschäftswelt sehen sich Führungskräfte mit einer Vielzahl von Herausforderungen konfrontiert, die ein kontinuierliches Lernen und Entwickeln erfordern. Die Fähigkeit, sich an unterschiedliche kulturelle Kontexte, die sich schnell entwickelnde Marktdynamik und aufkommende globale Trends anzupassen, ist entscheidend für eine effektive Führung. In diesem Abschnitt des Buches wird erörtert, wie wichtig ständiges Wachstum ist und wie sich Führungskräfte auf zukünftige globale Herausforderungen vorbereiten können.

Die Landschaft der globalen Führung ist von ständigem Wandel geprägt. Daher ist kontinuierliches Lernen nicht nur ein Vorteil, sondern eine Notwendigkeit. Globale Führungskräfte müssen über internationale Wirtschaftstrends, technologische Fortschritte und Veränderungen in der geopolitischen Landschaft auf dem Laufenden bleiben. Dieses Wissen ermöglicht es ihnen, fundierte Entscheidungen zu treffen und in einem wettbewerbsorientierten und komplexen Umfeld die Nase vorn zu haben.

Neben dem Verständnis für externe Veränderungen müssen sich globale Führungskräfte auch auf ihre persönliche und berufliche Entwicklung konzentrieren. Dazu gehört es, ein tiefes Verständnis für andere Kulturen und Geschäftspraktiken zu entwickeln, die Kommunikationsfähigkeiten zu verbessern, um effektiv mit unterschiedlichen Teams zusammenzuarbeiten, und eine integrative Denkweise zu fördern.

Da die globalen Herausforderungen immer komplexer werden, müssen Führungskräfte zudem kritisches Denken und Problemlösungen beherrschen. Die Entwicklung dieser Fähigkeiten erfordert eine Verpflichtung zu lebenslangem Lernen, das auf verschiedene Weise erreicht werden kann:

- Formale Bildung und Ausbildung: Die Teilnahme an Kursen, Workshops oder Weiterbildungsprogrammen für Führungskräfte, die sich auf globale Führung, internationale Geschäfte oder interkulturelles Management konzentrieren, kann Führungskräften die neuesten Kenntnisse und Fähigkeiten vermitteln.

- Selbstgesteuertes Lernen: Wer sich über globale Nachrichten auf dem Laufenden hält, Bücher über globale Führung und Management liest und sich mit Artikeln über Vordenker beschäftigt, kann wertvolle Einblicke in globale Trends und bewährte Verfahren gewinnen.

- Networking und globales Engagement: Der Aufbau eines vielfältigen beruflichen Netzwerks und die Suche nach Möglichkeiten für ein internationales Engagement können praktische Erfahrungen und ein Verständnis für unterschiedliche kulturelle und geschäftliche Umgebungen vermitteln.
- Mentoring und Coaching: Die Beratung durch erfahrene globale Führungskräfte oder die Zusammenarbeit mit einem auf globale Führung spezialisierten Coach kann persönliche Einblicke und Strategien zur Bewältigung globaler Herausforderungen bieten.

- Reflektierende Praxis: Die regelmäßige Reflexion über persönliche Führungserfahrungen, Erfolge und Herausforderungen kann Führungskräften helfen, tiefere

Einblicke in ihren Führungsstil und verbesserungswürdige Bereiche zu gewinnen.

Durch ständiges Lernen und Entwickeln können sich globale Führungskräfte mit dem nötigen Rüstzeug ausstatten, um die Komplexität der internationalen Geschäftswelt zu bewältigen. Dazu gehört nicht nur die Aneignung neuer Kenntnisse und Fähigkeiten, sondern auch die Anpassung des eigenen Führungsansatzes, um flexibler, kultursensibler und integrativer zu werden. Die Vorbereitung auf globale Führungsherausforderungen ist eine fortlaufende Reise, die Belastbarkeit, Anpassungsfähigkeit und ein Engagement für persönliches und berufliches Wachstum erfordert.

Am Ende dieses Kapitels über resiliente Führung in einem globalen Kontext wird deutlich, dass die Landschaft der globalen Führung sowohl dynamisch als auch komplex ist. Die Schlüsselaspekte resilienter Führung, wie sie in diesem Kapitel untersucht wurden, hängen von der Fähigkeit ab, mit kultureller Vielfalt, technologischem Fortschritt und den unzähligen Herausforderungen einer global vernetzten Welt umzugehen.

Die Essenz einer belastbaren globalen Führung liegt in der kulturellen Sensibilität. Es geht nicht nur darum, Missverständnisse oder Konflikte zu vermeiden, sondern auch darum, die Führungserfahrung zu bereichern und das Potenzial vielfältiger Teams voll auszuschöpfen, indem unterschiedliche kulturelle Normen, Praktiken und Perspektiven verstanden und geschätzt werden. Diese Sensibilität geht über die bloße Anerkennung kultureller Unterschiede hinaus - sie beinhaltet die aktive Integration unterschiedlicher Perspektiven in Entscheidungsprozesse und Organisationsstrategien.

Empathie ist ein weiterer Eckpfeiler einer belastbaren globalen Führung. Sie ermöglicht es den Führungskräften, sich mit ihren Teams auf einer tieferen Ebene zu verbinden und ein Gefühl des Vertrauens und der Einbeziehung zu fördern. Empathie in der Führung ebnet den Weg für eine offene Kommunikation, gegenseitiges Verständnis und einen stärkeren

Teamzusammenhalt, was besonders in einem globalen Umfeld wichtig ist, in dem Teams über verschiedene Kontinente und Zeitzonen verteilt sein können.

Anpassungsfähigkeit erweist sich als eine entscheidende Eigenschaft für globale Führungskräfte. In einer Welt, die sich ständig weiterentwickelt, ist die Fähigkeit zur Anpassung - sei es an neue Markttrends, technologische Veränderungen oder Verschiebungen in der globalen Wirtschaft - von größter Bedeutung. Bei der Anpassungsfähigkeit geht es nicht nur darum, auf Veränderungen zu reagieren, sondern auch darum, sie proaktiv zu antizipieren und sich darauf vorzubereiten. Dazu gehört es, offen für neue Ideen zu sein, flexibel vorzugehen und Rückschlägen oder Herausforderungen standzuhalten.

Resiliente Führung in einem globalen Kontext zeichnet sich durch eine Mischung aus kultureller Sensibilität, Empathie und Anpassungsfähigkeit aus. Diese Eigenschaften ermöglichen es Führungskräften, Teams über Grenzen hinweg effektiv zu führen und zu inspirieren, Herausforderungen zu meistern und die Chancen eines globalisierten Geschäftsumfelds zu nutzen. Mit der zunehmenden Vernetzung der Welt wird die Nachfrage nach belastbaren globalen Führungspersönlichkeiten weiter steigen - Führungspersönlichkeiten, die nicht nur in der Lage sind, sich in der Komplexität des globalen Marktes zurechtzufinden, sondern auch mit Inklusivität, Verständnis und einer vorausschauenden Denkweise zu führen.

Kapitel 10: Die Zukunft der Führungskraft: Resilienz und Wohlbefinden an vorderster Front

Auf unserem Weg in die Zukunft entwickelt sich die Landschaft der Führung weiter, geprägt von globalen Veränderungen und neuen Herausforderungen. In diesem sich ständig wandelnden Terrain werden die Paradigmen der Führung neu definiert, wobei sich Resilienz und Wohlbefinden als entscheidende Elemente erweisen. Dieses Kapitel beginnt mit einer Untersuchung dieser sich entwickelnden Dynamik und ihrer Auswirkungen auf die zukünftige Führung.

In einer Zeit, die von rasanten technologischen Fortschritten, wirtschaftlichen Schwankungen und zunehmender gesellschaftlicher Komplexität geprägt ist, überschreitet die Rolle einer Führungskraft die traditionellen Grenzen. Von Führungskräften wird heute erwartet, dass sie sich auf unbekanntem Terrain zurechtfinden, noch nie dagewesene Herausforderungen bewältigen und ihre Teams durch Zeiten der Unsicherheit und des Wandels führen. Diese neue Realität übt einen immensen Druck auf die Führungskräfte aus und macht Resilienz nicht nur zu einem Vorteil, sondern zu einer Notwendigkeit.

Resilienz in der zukünftigen Führung bedeutet mehr als nur das Aushalten von Herausforderungen; sie beinhaltet Anpassung, Lernen und Wachstum angesichts von Widrigkeiten. Es geht darum, dass Führungskräfte in der Lage sind, sich von Rückschlägen zu erholen, ihren Fokus unter Druck aufrechtzuerhalten und gestärkt aus Krisen hervorzugehen. Diese

Eigenschaft gewinnt zunehmend an Bedeutung, da Unternehmen mit einer Vielzahl von unvorhersehbaren Herausforderungen konfrontiert sind, von globalen Pandemien bis hin zu raschen Marktveränderungen.

Neben der Resilienz ist auch das Wohlbefinden in den Mittelpunkt des Diskurses über die zukünftige Führung gerückt. Das Wohlbefinden von Führungskräften und ihren Teams wird nicht mehr als separater Aspekt oder als "Nice-to-have"-Element betrachtet, sondern als grundlegender Bestandteil einer effektiven Führung. Die Erkenntnis, dass sich das Wohlbefinden des Einzelnen direkt auf die Gesundheit und Leistung des Unternehmens auswirkt, führt zu einer Umgestaltung der Führungsstrategien und -praktiken. Führungskräfte haben nun die Aufgabe, ein Umfeld zu schaffen, in dem das Wohlbefinden des Einzelnen im Vordergrund steht, um sicherzustellen, dass sie und ihre Teams nicht nur beruflich, sondern auch persönlich erfolgreich sein können.

In diesem Zusammenhang wird die Zukunft der Führung wahrscheinlich durch einen ganzheitlicheren Ansatz gekennzeichnet sein, der die Erreichung der Unternehmensziele mit der Förderung einer gesunden und widerstandsfähigen Belegschaft in Einklang bringt. Im weiteren Verlauf dieses Kapitels werden wir uns mit den Fähigkeiten, Eigenschaften und Ansätzen befassen, die zukünftige Führungskräfte benötigen, um sich in dieser komplexen und sich ständig weiterentwickelnden Landschaft zurechtzufinden. Der Schwerpunkt liegt auf der Frage, wie sich Führungskräfte auf die Herausforderungen der Zukunft vorbereiten und gleichzeitig Resilienz und Wohlbefinden an die Spitze ihrer Führungsagenda stellen können.

Die Entwicklung von Führungskräften in der heutigen Welt wird maßgeblich von globalen Trends wie Digitalisierung, Globalisierung und gesellschaftlichen Veränderungen geprägt. Diese Kräfte verändern nicht nur die Art und Weise, wie Führungskräfte arbeiten, sondern auch das Wesen von Führungsrollen und -praktiken.

Die Digitalisierung steht bei diesem Wandel an vorderster Front. Die rasante Entwicklung digitaler Technologien hat den Arbeitsplatz revolutioniert und zu Veränderungen in der Art und Weise geführt, wie Teams kommunizieren, zusammenarbeiten und ihre Aufgaben erledigen. Von Führungskräften wird heute nicht nur verlangt, dass sie mit digitalen Werkzeugen umgehen können, sondern auch, dass sie in Umgebungen führen, in denen künstliche Intelligenz, maschinelles Lernen und Datenanalyse zum integralen Bestandteil von Geschäftsprozessen werden. Dieser Wandel wird wahrscheinlich zu einem stärker datengesteuerten Entscheidungsfindungsstil und einer stärkeren Konzentration auf die Leitung virtueller und technologisch erweiterter Teams führen.

Die Globalisierung, ein weiterer wichtiger Trend, hat den Umfang der Führungsaufgaben über lokale oder nationale Grenzen hinaus erweitert. Führungskräfte leiten heute Teams, die kulturell vielfältig und geografisch verstreut sind. Diese globale Dynamik erfordert einen Führungsstil, der äußerst anpassungsfähig und kultursensibel ist. Führungskräfte müssen sich mit verschiedenen kulturellen Normen, Geschäftspraktiken und rechtlichen Rahmenbedingungen auseinandersetzen, wodurch Fähigkeiten wie kulturübergreifende Kommunikation und globales strategisches Denken wichtiger denn je werden. Künftige Organisationsstrukturen werden wahrscheinlich fließender sein, wobei die Teams eher nach den Projektanforderungen als nach dem geografischen Standort gebildet werden.

Gesellschaftliche Veränderungen, einschließlich des demografischen Wandels in der Belegschaft, der gesellschaftlichen Werte und der Erwartungen der Mitarbeiter, beeinflussen auch die Führungsarbeit. Der Schwerpunkt liegt zunehmend auf sozialer Verantwortung, ethischer Führung und Nachhaltigkeit. Künftige Führungskräfte müssen ein Gleichgewicht zwischen Rentabilität und gesellschaftlicher Wirkung finden und Unternehmen leiten, die nicht nur wirtschaftlich florieren, sondern auch einen positiven Beitrag für die Gemeinschaft und die Umwelt leisten. Dieser Wandel spiegelt sich auch in den Erwartungen der Arbeitnehmer wider, die zunehmend nach Arbeitsplätzen suchen, bei denen Vielfalt, Gleichberechtigung, Integration und Work-Life-Balance im Vordergrund stehen. Um Talente anzuziehen und zu binden, müssen Führungskräfte eine Unternehmenskultur schaffen und pflegen, die diesen Werten entspricht.

In der sich wandelnden Führungslandschaft haben sich emotionale Intelligenz und Einfühlungsvermögen als entscheidende Eigenschaften herauskristallisiert, die neben den traditionellen Führungsqualitäten an Bedeutung gewonnen haben. Die zunehmende Betonung dieser Qualitäten spiegelt einen Wandel im Verständnis dessen wider, was Führungskräfte wirklich effektiv macht, insbesondere in den heutigen vielfältigen und oft dezentralen Arbeitsumgebungen.

Emotionale Intelligenz, d. h. die Fähigkeit, die eigenen Emotionen und die anderer zu erkennen, zu verstehen und zu steuern, wird zunehmend als Eckpfeiler einer effektiven Führung angesehen. Sie ermöglicht es Führungskräften, tiefere Beziehungen zu ihren Teammitgliedern aufzubauen und ein Arbeitsumfeld zu schaffen, das auf Vertrauen und Verständnis basiert. Diese Fähigkeit ist besonders wichtig bei der Führung vielfältiger Teams, in denen sich die Führungskräfte in unterschiedlichen kulturellen und emotionalen Kontexten zurechtfinden müssen. Indem sie die emotionale Dynamik verschiedener Individuen verstehen und respektieren, können Führungskräfte sicherstellen, dass sich alle Teammitglieder gehört und wertgeschätzt fühlen, was zu einem stärkeren Zusammenhalt und motivierteren Teams führt.

Empathie, eine Komponente der emotionalen Intelligenz, beinhaltet die Fähigkeit, sich in die Lage eines anderen hineinzuversetzen und dessen Perspektive zu verstehen. Im Kontext der Führung bedeutet dies die Fähigkeit einer Führungskraft, sich in ihre Teammitglieder hineinzuversetzen, ihre Herausforderungen zu verstehen und auf ihre Bedürfnisse angemessen zu reagieren. Diese Eigenschaft ist besonders wichtig bei der Leitung von Teams, die über große Entfernungen hinweg arbeiten, was oft zu einem Gefühl der Unverbundenheit führen kann. Einfühlsame Führungskräfte können diese Kluft überbrücken, indem sie sich aufrichtig um das Wohlergehen ihrer Teammitglieder kümmern und ein Gefühl der Zugehörigkeit und Integration fördern, unabhängig von der geografischen Entfernung.

Bei der Förderung eines integrativen Arbeitsumfelds spielen emotionale Intelligenz und Empathie eine zentrale Rolle. Führungskräfte, die über diese Qualitäten verfügen, können mit den unterschiedlichen Bedürfnissen und Erwartungen ihrer Teams effektiv umgehen. Sie können eine Kultur schaffen, in der Unterschiede nicht nur toleriert, sondern geschätzt werden, was zu einer integrativen Atmosphäre führt, in der jedes Teammitglied die Möglichkeit hat, sein Potenzial voll auszuschöpfen. Diese Inklusivität ist nicht nur moralisch richtig, sondern auch für das Unternehmen von Vorteil, da sie ein breites Spektrum an Ideen und Perspektiven fördert und damit Innovation und Kreativität vorantreibt.

In dem Maße, in dem Unternehmen die Vielfalt ihrer Belegschaft fördern und sich auf zunehmend dezentrale Arbeitsmodelle einstellen, wird die Nachfrage nach Führungskräften mit hoher emotionaler Intelligenz und Empathie weiter steigen. Diese Führungskräfte werden besser in der Lage sein, die Komplexität moderner Arbeitsumgebungen zu bewältigen, starke, vielfältige Teams aufzubauen und eine Arbeitsplatzkultur zu fördern, die jeden Einzelnen wertschätzt und unterstützt. In Zukunft werden diese Qualitäten nicht mehr nur ein Zusatz sein, sondern wesentliche Bestandteile einer effektiven Führung, die für den Erfolg eines Unternehmens und die Schaffung eines positiven, produktiven Arbeitsumfelds unerlässlich sind.

Die Auswirkungen des technologischen Fortschritts, insbesondere in Bereichen wie Künstliche Intelligenz (KI), maschinelles Lernen und Datenanalyse, verändern die Führungslandschaft erheblich. Diese Technologien verändern nicht nur die Art und Weise, wie Unternehmen arbeiten, sondern sie definieren auch die Fähigkeiten und Ansätze neu, die Führungskräfte benötigen, um in der heutigen Zeit effektiv zu sein.

KI und maschinelles Lernen verändern die Entscheidungsprozesse. Führungskräfte haben jetzt Zugang zu riesigen Datenmengen und prädiktiven Erkenntnissen, die früher nicht verfügbar waren. Dieser Wandel ermöglicht eine fundiertere und strategischere Entscheidungsfindung, da die Führungskräfte Daten nutzen können, um Trends zu verstehen, Marktveränderungen zu antizipieren und evidenzbasierte Entscheidungen zu treffen. Dies bedeutet jedoch auch, dass Führungskräfte in der Lage sein müssen, Daten zu interpretieren und die Möglichkeiten und Grenzen von KI und maschinellen Lernwerkzeugen zu verstehen.

Die Datenanalyse ist ein weiterer Bereich, der einen tiefgreifenden Einfluss auf die Führung hat. Sie verschafft Führungskräften tiefere Einblicke in das Kundenverhalten, die Mitarbeiterleistung und die betriebliche Effizienz. Dieser Einblick kann zu gezielteren Strategien, besseren Kundenerlebnissen und einer besseren Ressourcenzuweisung führen. Führungskräfte müssen in der Lage sein, diese Daten nicht nur zu verstehen und zu interpretieren, sondern sie auch in umsetzbare Strategien zu übersetzen.

Die Anpassung an diese technologischen Veränderungen erfordert von den Führungskräften eine Reihe neuer Fähigkeiten. Sie müssen sich ständig über neue Technologien informieren und verstehen, wie diese in ihren Unternehmen eingesetzt werden können. Dies kann bedeuten, dass sie nicht nur sich selbst, sondern auch ihre Teams weiterbilden oder umschulen müssen, um sicherzustellen, dass alle diese Technologien effektiv nutzen können.

Technologie kann zwar die Entscheidungsfindung und die betriebliche Effizienz erheblich verbessern, doch müssen Führungskräfte dies mit den menschlichen Aspekten der Führung in Einklang bringen. Dazu gehören die Pflege enger zwischenmenschlicher Beziehungen, die Förderung einer kollaborativen Teamumgebung und die Sicherstellung, dass die Technologieimplementierung mit den Werten und Zielen des Unternehmens in Einklang steht. Führungskräfte müssen sich mit den ethischen Überlegungen auseinandersetzen, die mit fortschrittlichen Technologien einhergehen, insbesondere im Hinblick auf den Datenschutz, die Datensicherheit und die möglichen Auswirkungen auf Arbeitsplätze.

Erfolgreiche Führungskräfte im Zeitalter des technologischen Fortschritts sind diejenigen, die technologische Fähigkeiten mit traditionellen Führungsqualitäten wie Einfühlungsvermögen, strategischem Weitblick und effektiver Kommunikation harmonisch verbinden können. Sie erkennen, dass Technologie ein Werkzeug ist, das die menschliche Entscheidungsfindung und Interaktion verbessert, nicht ersetzt. Indem sie sich an diese technologischen Veränderungen anpassen und sie effektiv nutzen, können Führungskräfte ihre Teams und Organisationen in einer zunehmend digitalen Welt zum Erfolg führen.

Die zunehmende Bedeutung von Nachhaltigkeit und ethischen Erwägungen in der Führungspraxis stellt eine bedeutende Veränderung in der Art und Weise dar, wie Unternehmenserfolg definiert und erreicht wird. In einer zunehmend bewussten und vernetzten Welt werden Führungskräfte aufgefordert, ein Gleichgewicht zwischen Rentabilität und umfassender sozialer Verantwortung und Umweltverantwortung herzustellen. Dieses neue Paradigma der Führung spiegelt ein tieferes Verständnis für die langfristigen Auswirkungen von Unternehmensentscheidungen auf die Gesellschaft und den Planeten wider.

Nachhaltigkeit in der Führung bedeutet, Entscheidungen zu treffen, die die langfristige Gesundheit und das Wohlergehen sowohl der Organisation als auch der Umwelt, in der sie tätig ist, gewährleisten. Dieser Ansatz geht über die bloße Einhaltung von Umweltvorschriften hinaus; er beinhaltet die Integration nachhaltiger Praktiken in die Kerngeschäftsstrategie. Führungskräfte erkennen zunehmend, dass nachhaltige Praktiken Innovationen fördern, neue Märkte erschließen und Markentreue aufbauen können. Dies erfordert jedoch ein Umdenken von kurzfristigen Gewinnen zu langfristigen Vorteilen, sowohl für das Unternehmen als auch für die Gesellschaft insgesamt.

Bei der ethischen Führung geht es darum, Entscheidungen zu treffen, die nicht nur rechtskonform, sondern auch moralisch einwandfrei sind. Dazu gehört, mit Integrität und Transparenz zu führen und Entscheidungen zu treffen, die die Werte und ethischen Standards des Unternehmens widerspiegeln. Ethische Führungskräfte sind sich der Auswirkungen ihrer Entscheidungen auf ihre Mitarbeiter, Kunden und die Allgemeinheit bewusst und bemühen sich, diese Auswirkungen positiv zu gestalten.

Künftige Führungskräfte müssen sich in dem komplexen Spannungsfeld zwischen Rentabilität, sozialer Verantwortung und ökologischer Nachhaltigkeit zurechtfinden. Dieses Gleichgewicht ist nicht immer einfach, da Führungskräfte mit Situationen konfrontiert werden können, in denen diese Ziele miteinander in Konflikt zu stehen scheinen. Erfolgreich werden jedoch diejenigen sein, die innovative Wege finden, um diese Ziele miteinander in Einklang zu bringen, und die erkennen, dass langfristiger Geschäftserfolg untrennbar mit sozialem und ökologischem Wohlergehen verbunden ist.

Die Führungskräfte der Zukunft müssen auch in der Lage sein, mit einer Vielzahl von Interessengruppen in Kontakt zu treten, von Mitarbeitern und Aktionären bis hin zu Kunden, Aufsichtsbehörden und Mitgliedern der Gemeinschaft. Sie müssen ihre Tätigkeit transparent gestalten, zu einem offenen Dialog über ihre Geschäftspraktiken bereit sein und auf die Anliegen der Interessengruppen eingehen.

Nachhaltigkeit und ethische Erwägungen werden zu integralen Bestandteilen einer effektiven Führung. In dem Maße, in dem sich die Welt mit ökologischen Herausforderungen und gesellschaftlichen Problemen auseinandersetzt, wird die Rolle der Führungskräfte bei der Förderung positiver Veränderungen immer wichtiger. Künftige Führungskräfte müssen visionär, innovativ und prinzipienfest sein und ihre Unternehmen zu Praktiken führen, die nicht nur finanziellen Erfolg bringen, sondern auch einen positiven Beitrag für die Gesellschaft und die Umwelt leisten.

Die Entwicklung von Resilienz und die Förderung des Wohlbefindens werden zu immer wichtigeren Komponenten einer effektiven Führung. In einem schnelllebigen und oft unter hohem Druck stehenden Geschäftsumfeld ist die Fähigkeit von Führungskräften, ihre eigene Resilienz zu erhalten und eine Kultur des Wohlbefindens in ihren Teams zu fördern, entscheidend für nachhaltigen Erfolg.

Für Führungskräfte bedeutet die Kultivierung der persönlichen Resilienz, dass sie die Fähigkeit entwickeln, sich schnell von Herausforderungen und Rückschlägen zu erholen. Dies kann durch verschiedene Strategien erreicht werden:

- Selbstwahrnehmung und Reflexion: Die eigenen Stressauslöser und -reaktionen zu verstehen, ist der erste Schritt zum Aufbau von Resilienz. Regelmäßige Reflexion und Achtsamkeitspraktiken können Führungskräften helfen, ihr Gleichgewicht zu bewahren und effektiver auf herausfordernde Situationen zu reagieren.

- Selbstfürsorge als Priorität: Führungskräfte stellen oft die Bedürfnisse ihrer Teams und Organisationen in den Vordergrund, manchmal auf Kosten ihres eigenen Wohlbefindens. Es ist wichtig, dass Führungskräfte erkennen, dass Selbstfürsorge nicht egoistisch ist, sondern notwendig, um ihre Effektivität zu erhalten. Dazu gehört, dass sie sich ausreichend ausruhen, sich körperlich betätigen und Hobbys oder Interessen außerhalb der Arbeit nachgehen.

- Unterstützung suchen: Der Aufbau eines Unterstützungsnetzes, sei es durch Mentoren, Gleichaltrige oder professionelle Coaches, kann Führungskräften Orientierung, Perspektiven und einen Resonanzboden für ihre Anliegen bieten.

Wenn Führungskräfte sich auf ihre eigene Resilienz konzentrieren, spielen sie auch eine entscheidende Rolle bei der Förderung des Wohlbefindens ihrer Teams:

- Schaffung einer unterstützenden Kultur: Die Führungskräfte geben den Ton für die Unternehmenskultur an. Indem sie die psychische Gesundheit und die Vereinbarkeit von Beruf und Privatleben offen ansprechen, können sie ein Umfeld schaffen, in dem diese Werte gelebt werden. Dazu kann die Einführung flexibler Arbeitsrichtlinien gehören, die Bereitstellung von Ressourcen für die psychische Gesundheit oder einfach die Förderung offener Gespräche über das Wohlbefinden.

- Mit gutem Beispiel vorangehen: Führungskräfte können gesunde Verhaltensweisen vorleben, indem sie Grenzen setzen, Überlastung vermeiden und sich bei Bedarf eine Auszeit nehmen. Dadurch wird dem Team signalisiert, dass es in Ordnung ist, das eigene Wohlbefinden in den Vordergrund zu stellen.

- Burnout erkennen und angehen: Es ist von entscheidender Bedeutung, auf die Anzeichen von Burnout bei Teammitgliedern zu achten und proaktiv darauf zu reagieren. Dies könnte bedeuten, dass die Arbeitsbelastung umverteilt wird, zusätzliche Unterstützung angeboten wird oder zu einer Auszeit ermutigt wird.

- Förderung von Verbundenheit und Zugehörigkeit: Die Förderung des Teamzusammenhalts und der Aufbau eines Gemeinschaftsgefühls am Arbeitsplatz können das Zugehörigkeitsgefühl und das Wohlbefinden der Teammitglieder verbessern. Dazu können teambildende Aktivitäten, das Feiern von Teamerfolgen oder die Schaffung von Gelegenheiten zur sozialen Interaktion gehören.

Die Rolle der Führungskräfte bei der Förderung von Resilienz und Wohlbefinden ist vielschichtig. Sie müssen sich sowohl für ihre eigene Gesundheit und ihr eigenes Wohlbefinden einsetzen als auch eine Unternehmenskultur schaffen, die die psychische Gesundheit und Ausgeglichenheit ihrer Teammitglieder fördert. Auf diese Weise steigern die Führungskräfte nicht nur die Leistung und Zufriedenheit ihrer Teams, sondern tragen auch zur

Schaffung eines humaneren und nachhaltigeren Arbeitsumfelds bei.

Der Blick in die Zukunft zeigt, dass die sich wandelnde Unternehmenslandschaft eine neue Generation von Führungskräften erfordert, die über eine Reihe von Fähigkeiten und Eigenschaften verfügen. In diesem dynamischen Umfeld erweist sich die Anpassungsfähigkeit als eine entscheidende Eigenschaft. Führungskräfte müssen in der Lage sein, durch ständige Veränderungen und Ungewissheit zu navigieren und ihre Strategien und Ansätze schnell an die sich verändernden Marktbedingungen, den technologischen Fortschritt und die globalen Veränderungen anzupassen. Bei dieser Anpassungsfähigkeit geht es nicht nur darum, auf auftretende Veränderungen zu reagieren, sondern auch darum, sich proaktiv auf Veränderungen einzulassen, offen für neue Ideen zu sein und die Bereitschaft zur Innovation und zum Experimentieren zu zeigen.

Strategisches Denken ist eine weitere wichtige Fähigkeit für künftige Führungskräfte. Dazu gehört ein tiefes Verständnis der breiteren Unternehmenslandschaft und die Fähigkeit, künftige Herausforderungen und Chancen vorauszusehen und sich darauf vorzubereiten. Strategische Führungskräfte denken über die unmittelbaren Auswirkungen ihrer Entscheidungen hinaus und konzentrieren sich auf langfristige Planung und Nachhaltigkeit. Sie sind in der Lage, künftige Trends vorauszusehen und umfassende Strategien zu entwickeln, die ein Gleichgewicht zwischen unmittelbaren Bedürfnissen und langfristigen Unternehmenszielen herstellen.

In der globalisierten Welt von heute wird kulturelle Kompetenz immer wichtiger. Führungskräfte müssen in der Lage sein, sich in einer vielfältigen kulturellen Landschaft zurechtzufinden, unterschiedliche Perspektiven zu verstehen und zu schätzen und ihren Führungsstil an verschiedene kulturelle Kontexte anzupassen. Diese Fähigkeit ist entscheidend für den Aufbau und die Führung vielfältiger Teams, die Förderung eines integrativen

Arbeitsumfelds und die Gewährleistung einer effektiven Kommunikation über kulturelle Grenzen hinweg.

Kontinuierliches Lernen ist eine Schlüsseleigenschaft in einer sich rasch entwickelnden Welt. Das Tempo des Wandels im heutigen Geschäftsumfeld bedeutet, dass Fähigkeiten und Kenntnisse, die heute relevant sind, schnell veraltet sein können. Führungskräfte müssen sich daher zu lebenslangem Lernen verpflichten und ihre Fähigkeiten und Kenntnisse ständig aktualisieren, um mit den neuen Entwicklungen und Trends in ihrem Bereich Schritt zu halten. Diese Verpflichtung zum Lernen geht über die formale Ausbildung hinaus und umfasst auch selbstgesteuertes Lernen, Networking und Erfahrungsmöglichkeiten.

Die Zukunft der Führung erfordert Menschen, die anpassungsfähig, strategisch denkend, kulturell kompetent und zu ständigem Lernen verpflichtet sind. Führungskräfte, die diese Eigenschaften verkörpern, werden gut gerüstet sein, um ihre Organisationen durch die Komplexität und die Herausforderungen der modernen Geschäftswelt zu führen und dabei Innovation, Inklusivität und nachhaltigen Erfolg zu fördern.

Die Vorbereitung auf künftige Führungsaufgaben in einer sich ständig verändernden Unternehmenslandschaft erfordert von aktuellen und angehenden Führungskräften eine proaktive Karriereentwicklung, die lebenslanges Lernen, Mentorenschaft und kontinuierliche Kompetenzerweiterung in den Vordergrund stellt.

Lebenslanges Lernen ist die Grundlage für die künftige Bereitschaft zur Führung. In dem Maße, wie sich Branchen und Technologien weiterentwickeln, ändern sich auch die für eine effektive Führung erforderlichen Fähigkeiten und Kenntnisse. Führungskräfte müssen sich daher kontinuierlich weiterbilden, sei es durch formale akademische Kurse, berufliche Entwicklungsprogramme, Online-Lernplattformen oder Branchenkonferenzen. Dieses kontinuierliche Lernen erstreckt sich nicht nur auf technisches und geschäftliches Wissen, sondern auch auf Soft Skills wie emotionale Intelligenz, Anpassungsfähigkeit und interkulturelle Kommunikation.

Mentorenschaft spielt eine wichtige Rolle bei der Vorbereitung auf Führungsaufgaben. Erfahrene Mentoren können unschätzbare Einblicke, Anleitung und Unterstützung bieten. Sie können eine Perspektive für die Bewältigung komplexer Herausforderungen am Arbeitsplatz, die Bewältigung von Karriereübergängen und die Entwicklung wesentlicher Führungskompetenzen bieten. Die Suche nach Mentoren innerhalb des eigenen Unternehmens oder in der breiteren Berufsgemeinschaft kann Türen zu neuen Lernmöglichkeiten und zum beruflichen Aufstieg öffnen.

Ein weiterer wichtiger Aspekt ist die proaktive Karriereentwicklung. Angehende Führungskräfte sollten ihren Karriereweg selbst in die Hand nehmen, indem sie nach Möglichkeiten suchen und diese nutzen, um ihre Fähigkeiten zu erweitern und ihre Erfahrungen zu vertiefen. Dies kann die Übernahme anspruchsvoller Projekte, die freiwillige Mitarbeit in funktionsübergreifenden Teams oder die Beantragung von Rotationseinsätzen in verschiedenen Abteilungen oder geografischen Standorten beinhalten. Solche Erfahrungen können ein tieferes Verständnis für das Unternehmen vermitteln, die Problemlösungskompetenz verbessern und ein solideres berufliches Netzwerk aufbauen.

Zusätzlich zu diesen Strategien sind der Aufbau einer persönlichen Marke und die Entwicklung eines starken beruflichen Netzwerks ebenfalls wichtig. Netzwerke, sowohl innerhalb als auch außerhalb der eigenen Organisation, können den Zugang zu neuen Möglichkeiten, Ideen und Kooperationen eröffnen. Der Aufbau einer persönlichen Marke als kompetenter, zuverlässiger und zukunftsorientierter Fachmann kann auch Türen zu Führungsmöglichkeiten öffnen.

Zur Vorbereitung auf künftige Führungsaufgaben gehört die Verpflichtung zu lebenslangem Lernen, die aktive Suche nach Mentoren und eine proaktive Karriereentwicklung. Mit diesen Strategien können sich aktuelle und angehende Führungskräfte mit den Fähigkeiten, dem Wissen und den Erfahrungen ausstatten, die sie benötigen, um die Komplexität künftiger Führungsaufgaben zu bewältigen und einen sinnvollen Beitrag zu ihren Organisationen und Branchen zu leisten.

Zum Abschluss dieser Erkundung der Zukunft der Führung wird deutlich, dass sich die Welt von morgen deutlich von der heutigen unterscheiden wird. Die wichtigsten Erkenntnisse aus diesem Kapitel unterstreichen die entscheidende Bedeutung von Resilienz und Wohlbefinden, die in einem sich rasch verändernden und oft unvorhersehbaren globalen Umfeld immer wichtiger für eine effektive Führung werden.

Resilienz, die Fähigkeit, Herausforderungen standzuhalten und sich ihnen anzupassen, ist nicht mehr nur eine wünschenswerte, sondern eine notwendige Eigenschaft. Führungskräfte müssen ihre Resilienz kultivieren, um Unsicherheiten zu überwinden, sich von Rückschlägen zu erholen und ihre Teams mit Zuversicht und Klarheit zu führen. Bei dieser Widerstandsfähigkeit geht es nicht nur darum, schwierige Zeiten zu überstehen, sondern auch darum, aus diesen Erfahrungen zu lernen, stärker zu werden und sich auf zukünftige Herausforderungen vorzubereiten.

Auch das Wohlbefinden hat sich als ein entscheidender Aspekt der Führung herausgestellt. Die Gesundheit und das Wohlbefinden von Führungskräften und ihren Teams haben erhebliche Auswirkungen auf die Produktivität, das Engagement und den Gesamterfolg des Unternehmens. Führungskräfte müssen ihr Wohlbefinden in den Vordergrund stellen und eine Kultur fördern, die die mentale und emotionale Gesundheit ihrer Teams wertschätzt und unterstützt. Diese Konzentration auf das Wohlbefinden ist der Schlüssel zum Aufbau einer Belegschaft, die nicht nur leistungsfähig, sondern auch langfristig tragfähig ist.

Die Zukunft der Führung erfordert auch eine ständige Weiterentwicklung und Anpassung. Führungskräfte müssen mit den technologischen Fortschritten, den globalen Markttrends und den sich ändernden gesellschaftlichen Erwartungen Schritt halten. Sie müssen lebenslang lernen, sich ständig neue Kenntnisse und

Fähigkeiten aneignen und anpassungsfähig genug sein, um ihre Strategien auf veränderte Umstände einzustellen.

Die Führungskräfte von morgen müssen Widerstandsfähigkeit und Wohlbefinden mit Anpassungsfähigkeit und ständigem Lernen verbinden. Diese Qualitäten werden sie in die Lage versetzen, die Komplexität eines globalen, digitalen und schnelllebigen Geschäftsumfelds effektiv zu bewältigen. Führungskräfte, die sich diese Prinzipien zu eigen machen, werden nicht nur überleben, sondern gedeihen und ihre Unternehmen zu Innovation, Nachhaltigkeit und langfristigem Erfolg in einer sich ständig weiterentwickelnden Welt führen.

Schlussfolgerung

Zum Abschluss von "Führen mit Resilienz: Mastering the Art of Adaptive Leadership in the Modern World" (Führen mit Resilienz: Die Kunst der adaptiven Führung in der modernen Welt meistern), ist es angebracht, die Kernthemen, die sich durch dieses Buch ziehen, noch einmal zu beleuchten. Die Reise durch diese Seiten hat uns durch eine umfassende Erkundung der sich entwickelnden Natur der Führung geführt, wobei hervorgehoben wird, wie Resilienz, Wohlbefinden und die Auswirkungen technologischer und globaler Veränderungen die Führungspraktiken umgestalten.

Wir begannen mit einer Untersuchung der sich wandelnden Führungslandschaft und erkannten, dass die Rolle einer Führungskraft nicht mehr statisch ist oder sich auf traditionelle Grenzen beschränkt. Die Führungskräfte von heute bewegen sich in einer zunehmend komplexen und vernetzten Welt, in der ihr Handeln weitreichende Folgen haben kann. Dieser Wandel erfordert eine Neudefinition von Führung, die Anpassungsfähigkeit, kulturelle Sensibilität und die Verpflichtung zu kontinuierlichem Wachstum umfasst.

Im Mittelpunkt dieser neuen Definition von Führung steht die Bedeutung der Resilienz. Von Führungskräften wird heute erwartet, dass sie sich Herausforderungen nicht nur stellen und sie bewältigen, sondern gestärkt und fähiger aus ihnen hervorgehen. Resilienz hat sich als entscheidende Fähigkeit für Führungskräfte herauskristallisiert, die es ihnen ermöglicht, durch Ungewissheit zu führen, Veränderungen anzunehmen und sich schnell von Rückschlägen zu erholen.

Das Wohlbefinden der Führungskräfte und ihrer Teams steht ebenfalls im Mittelpunkt. Wir haben erörtert, wie wichtig es ist, ein Umfeld zu schaffen, in dem die geistige und emotionale Gesundheit im Vordergrund steht, und haben erkannt, dass das Wohlbefinden des Einzelnen untrennbar mit der allgemeinen

Gesundheit des Unternehmens verbunden ist. Führungskräfte müssen sich für Initiativen einsetzen, die das Wohlbefinden fördern und eine Kultur schaffen, in der es geschätzt und gefördert wird.

Die Auswirkungen technologischer und globaler Veränderungen auf die Führungspraxis waren ein weiteres zentrales Thema. In einer Zeit, die von einer rasanten digitalen Transformation geprägt ist, müssen Führungskräfte technisch versiert sein und die Technologie nicht nur für die betriebliche Effizienz, sondern auch für strategische Vorteile nutzen. Gleichzeitig verlangen die globalen Veränderungen von den Führungskräften kulturellen Scharfsinn und globales Denken, damit sie in der Lage sind, vielfältige und verstreute Teams mit Einfühlungsvermögen und Effizienz zu führen.

Ziel des Buches ist es, aktuellen und angehenden Führungskräften Einblicke, Strategien und Werkzeuge an die Hand zu geben, mit denen sie die Herausforderungen der modernen Führung meistern können. Abschließend lässt sich sagen, dass die Zukunft der Führung eine Mischung aus Widerstandsfähigkeit, Wohlbefinden, technologischer Kompetenz und globalem Bewusstsein erfordert. Führungskräfte, die sich diese Elemente zu eigen machen, werden gut positioniert sein, um ihre Organisationen in einer sich ständig verändernden Welt zum Erfolg zu führen.

Das Buch begann mit einer Untersuchung der sich verändernden Führungslandschaft und betonte, dass die Führungskräfte von heute mehr sein müssen als nur strategische Denker und Entscheidungsträger. Sie müssen Resilienz verkörpern - die Fähigkeit, sich von Rückschlägen zu erholen und sich an veränderte Umstände anzupassen. Das Thema Resilienz wurde weiter vertieft, um zu zeigen, wie wichtig sie nicht nur für die Bewältigung von Herausforderungen, sondern auch für die Förderung einer Kultur des kontinuierlichen Lernens und Wachstums ist.

Emotionale Intelligenz erwies sich als ein weiteres zentrales Element. In den Kapiteln wurde hervorgehoben, dass

Führungskräfte in der Lage sein müssen, ihre eigenen Emotionen und die anderer Menschen zu verstehen und zu steuern. Diese Fähigkeit ist von entscheidender Bedeutung für den Aufbau enger Beziehungen, die Steuerung der Dynamik am Arbeitsplatz und die Führung von Teams mit Mitgefühl und Empathie.

Anpassungsfähigkeit war ein wiederkehrendes Thema, wobei betont wurde, dass Führungskräfte in einer sich schnell verändernden Welt in der Lage sein müssen, sich neu auszurichten und weiterzuentwickeln. Diese Anpassungsfähigkeit geht über die Unternehmensstrategien hinaus und umfasst auch die persönliche Entwicklung. Führungskräfte müssen offen für neue Ideen sein, Innovationen begrüßen und bereit sein, ihren Kurs zu ändern, wenn es nötig ist.

Die Bedeutung von Empathie in der Führung wurde hervorgehoben, insbesondere im Zusammenhang mit der Führung vielfältiger und globaler Teams. Empathie ermöglicht es Führungskräften, sich mit ihren Teams auf einer tieferen Ebene zu verbinden und ein Gefühl von Vertrauen und Verständnis zu schaffen. Dies ist besonders wichtig in einem globalen Kontext, in dem Führungskräfte kulturelle Nuancen überwinden und über geografische Grenzen hinweg kohäsive Teams aufbauen müssen.

Ethische Entscheidungsfindung war ebenfalls ein Schwerpunkt, wobei in den Kapiteln die Notwendigkeit erörtert wurde, dass Führungskräfte Entscheidungen treffen, die nicht nur effektiv, sondern auch moralisch einwandfrei sind. In einer Zeit, in der Unternehmen zunehmend für ihre sozialen und ökologischen Auswirkungen zur Rechenschaft gezogen werden, ist ethische Führung heute wichtiger denn je.

Durch die Verknüpfung dieser Konzepte vermittelt das Buch ein umfassendes Bild davon, was es bedeutet, in der heutigen Zeit eine Führungskraft zu sein. Es geht darum, belastbar und anpassungsfähig zu sein, emotional intelligent und einfühlsam und vor allem ethisch in der Entscheidungsfindung. Die Kombination dieser Eigenschaften befähigt Führungskräfte, die

Komplexität des heutigen Geschäftsumfelds effektiv zu bewältigen und ihre Organisationen zum Erfolg zu führen.

Im aktuellen Diskurs über Führung hat sich Resilienz als grundlegende Eigenschaft herauskristallisiert, die nicht nur für einzelne Führungskräfte, sondern auch für die allgemeine Gesundheit und den Erfolg ihrer Teams und Organisationen entscheidend ist. Die Rolle der Resilienz für den Erfolg von Führungskräften ist ein Schwerpunkt dieses Buches, das ihren Wert für die Bewältigung von Krisen, die Anpassung an Veränderungen und die Erhaltung des Wohlbefindens unterstreicht.

Resilienz in der Führung geht über das bloße Aushalten von Widrigkeiten hinaus. Sie steht für die Fähigkeit einer Führungskraft, Stress zu absorbieren, sich von Rückschlägen zu erholen und sich an neue Umstände anzupassen, während sie gleichzeitig eine klare Vision und einen positiven Ausblick behält. Diese Eigenschaft ist besonders in Krisenzeiten wichtig, wenn von Führungskräften erwartet wird, dass sie für Stabilität sorgen, Vertrauen schaffen und ihre Teams durch unsichere und schwierige Zeiten führen.

Die Fähigkeit zur Resilienz ermöglicht es Führungskräften, Herausforderungen nicht als unüberwindbare Hindernisse, sondern als Chancen für Wachstum und Lernen zu sehen. Diese Sichtweise ist in der heutigen, sich schnell verändernden Geschäftswelt von entscheidender Bedeutung, in der Führungskräfte häufig ihre Strategien neu ausrichten, neue Technologien nutzen und komplexe Marktdynamiken bewältigen müssen. Resiliente Führungskräfte sind in der Lage, diese Anpassungen vorzunehmen und potenzielle Krisen oft in Chancen für Innovation und Entwicklung zu verwandeln.

Die Resilienz einer Führungskraft wirkt sich direkt auf das Wohlbefinden und die Leistung ihres Teams aus. Führungskräfte, die Resilienz vorleben, können eine ähnliche Einstellung in ihren Teams kultivieren und so eine Unternehmenskultur fördern, die Anpassungsfähigkeit, kontinuierliches Lernen und psychologische Sicherheit schätzt. Diese Kultur trägt nicht nur dazu bei, dass Teams externen Herausforderungen gewachsen sind, sondern fördert auch das interne Wohlbefinden, indem sie dafür sorgt, dass sich die Teammitglieder unterstützt fühlen und in der Lage sind, ihr Gleichgewicht und ihre Gesundheit im Berufs- und Privatleben zu erhalten.

Resilienz ist zu einem Eckpfeiler effektiver Führung geworden. Sie gibt Führungskräften das Rüstzeug an die Hand, um die Komplexität der modernen Geschäftswelt erfolgreich zu meistern, Stürme zu überstehen und gestärkt und besser vorbereitet aus künftigen Herausforderungen hervorzugehen. Die Entwicklung und Förderung dieser Eigenschaft ist daher für jede Führungskraft, die einen dauerhaften Erfolg anstrebt und ein robustes, gesundes und dynamisches organisatorisches Umfeld schaffen will, unerlässlich.

Die Priorisierung des persönlichen Wohlbefindens und des Wohlbefindens der Teammitglieder hat sich von einer peripheren Überlegung zu einer zentralen Führungspriorität entwickelt. In "Führen mit Resilienz: Führen mit Resilienz: Die Kunst der adaptiven Führung in der modernen Welt beherrschen" unterstreicht die Bedeutung des Wohlbefindens für die langfristige Effektivität von Führungskräften und den Erfolg von Organisationen.

Das Wohlbefinden von Führungskräften geht über die körperliche Gesundheit hinaus; es umfasst auch die geistige und emotionale Gesundheit der Führungskräfte und ihrer Teams. Dieser ganzheitliche Ansatz für das Wohlbefinden erkennt an, dass Führungskräfte nur dann effektiv sein können, wenn sie sowohl geistig als auch körperlich in Bestform sind. Persönliches Wohlbefinden ermöglicht es den Führungskräften, mit Klarheit, Fokus und Mitgefühl zu agieren - wichtige Eigenschaften, um fundierte Entscheidungen zu treffen und ihre Teams zu inspirieren. Das Wohlbefinden der Teammitglieder wirkt sich direkt auf die Produktivität und Moral des Unternehmens aus. Führungskräfte, die das Wohlbefinden ihres Teams in den Vordergrund stellen, fördern ein Umfeld, in dem sich jeder

Einzelne wertgeschätzt und unterstützt fühlt. Dies steigert nicht nur das Engagement und die Zufriedenheit der Mitarbeiter, sondern führt auch zu niedrigeren Fluktuationsraten, höherer Kreativität und besserer Gesamtleistung.

Die Priorisierung des Wohlbefindens beinhaltet die Schaffung einer Arbeitsplatzkultur, die die Stressfaktoren und Herausforderungen, mit denen die Mitarbeiter konfrontiert sind, anerkennt und angeht. Dazu gehören Maßnahmen zur Förderung der Work-Life-Balance, die Bereitstellung von Ressourcen zur Unterstützung der psychischen Gesundheit und die Schaffung einer Atmosphäre, in der offene Diskussionen über das Wohlbefinden gefördert und normalisiert werden.

Führungskräfte müssen mit gutem Beispiel vorangehen, wenn es darum geht, das Wohlbefinden in den Vordergrund zu stellen. Indem sie offen Selbstfürsorge praktizieren, Grenzen setzen und ihr Team dazu ermutigen, dasselbe zu tun, können Führungskräfte diese Praktiken innerhalb der Organisation normalisieren. Auf diese Weise wird die Botschaft vermittelt, dass dem Unternehmen nicht nur die Arbeit seiner Mitarbeiter am Herzen liegt, sondern auch die Mitarbeiter selbst als Individuen.

Das Wohlbefinden ist ein zentraler Aspekt der modernen Führung. Sie ist nicht nur vorteilhaft, sondern für die Nachhaltigkeit und den Erfolg sowohl der Führungskräfte als auch der von ihnen geleiteten Organisationen unerlässlich. Führungskräfte, die sich diese Priorität zu eigen machen, sind besser in der Lage, widerstandsfähige, gesunde und leistungsstarke Teams aufzubauen, die ihre Organisationen zu langfristigem Erfolg führen.

Im heutigen Zeitalter der Führung ist die Integration von Technologie und Innovation unverzichtbar geworden. Das Buch "Führen mit Resilienz: Die Kunst der adaptiven Führung in der modernen Welt beherrschen" betont, dass Führungskräfte nicht nur den technologischen Fortschritt annehmen, sondern auch eine Innovationskultur in ihren Organisationen fördern müssen. Diese technologische Umarmung muss jedoch mit dem menschlichen

Aspekt der Führung in Einklang gebracht werden, um sicherzustellen, dass die Technologie die menschliche Verbindung nicht ersetzt, sondern verbessert.

Der rasante technologische Fortschritt, insbesondere in Bereichen wie künstliche Intelligenz, Big-Data-Analytik und Cloud Computing, bietet Führungskräften beispiellose Werkzeuge zur Verbesserung der Entscheidungsfindung, zur Rationalisierung von Abläufen und zur Steigerung der Effizienz. Die Nutzung dieser Technologien kann zu erheblichen Wettbewerbsvorteilen führen und neue Wege für Wachstum und Innovation eröffnen. So kann die Datenanalyse beispielsweise tiefe Einblicke in das Kundenverhalten und Markttrends liefern, während die KI Routineaufgaben automatisieren kann, sodass sich Führungskräfte und ihre Teams auf strategischere Initiativen konzentrieren können.

Die erfolgreiche Integration von Technologie in die Führung geht über die bloße Übernahme hinaus. Sie erfordert ein differenziertes Verständnis dafür, wie sich die Technologie auf die Mitarbeiter und die Kultur des Unternehmens auswirkt. Die Führungskräfte müssen sicherstellen, dass technologische Fortschritte mit den Werten des Unternehmens übereinstimmen und die Erfahrungen der Mitarbeiter verbessern, anstatt sie zu beeinträchtigen. Dazu gehört auch, dass sie die ethischen Implikationen der Technologie, wie z. B. Bedenken hinsichtlich des Datenschutzes und der möglichen Verdrängung von Arbeitsplätzen, berücksichtigen und diese Fragen proaktiv angehen.

Innovation in der Führung bedeutet auch, eine Kultur zu fördern, in der neue Ideen gefördert und Experimente geschätzt werden. Führungskräfte sollten ein Umfeld schaffen, in dem sich Teammitglieder sicher fühlen, Risiken einzugehen, neue Lösungen vorzuschlagen und aus Fehlern zu lernen. Diese Innovationskultur ist für Unternehmen von entscheidender Bedeutung, um relevant zu bleiben und sich an die sich schnell verändernde Unternehmenslandschaft anzupassen.

Es ist von entscheidender Bedeutung, den menschlichen Aspekt der Führung mit Technologie und Innovation in Einklang zu bringen. Die Technologie kann zwar Werkzeuge für Effizienz und Einsicht bereitstellen, aber das menschliche Element - Einfühlungsvermögen, Kreativität, ethisches Urteilsvermögen und zwischenmenschliche Fähigkeiten - bleibt unersetzlich. Führungskräfte müssen die Technologie nutzen, um diese menschlichen Qualitäten zu verbessern, nicht um sie zu ersetzen. So sind digitale Kommunikationsmittel zwar unverzichtbar, sollten aber den persönlichen Austausch nicht vollständig ersetzen, der für den Aufbau von Vertrauen und Verständnis in Teams entscheidend ist.

Die Integration von Technologie und Innovation in die Führung ist ein Balanceakt. Führungskräfte müssen technologische Fortschritte annehmen und nutzen, um ihre Organisationen voranzubringen, und sich gleichzeitig auf die menschlichen Elemente konzentrieren, die eine effektive Führung ausmachen. Auf diese Weise können sie eine harmonische Mischung aus Technologie und Menschlichkeit schaffen, die zu widerstandsfähigeren, anpassungsfähigeren und erfolgreicheren Organisationen führt.

Die Bedeutung kultureller Sensibilität für die globale Führung kann gar nicht hoch genug eingeschätzt werden, insbesondere in einer Zeit, in der Unternehmen zunehmend über internationale Grenzen hinweg tätig sind. Kulturelle Unterschiede zu verstehen und zu respektieren ist nicht nur eine Frage der Höflichkeit oder der Konformität, sondern eine entscheidende Komponente einer effektiven Führung in einem globalen Kontext.

Wie "Führen mit Resilienz: Mastering the Art of Adaptive Leadership in the Modern World" veranschaulicht, müssen sich globale Führungskräfte in einer vielfältigen Landschaft kultureller Normen, Praktiken und Erwartungen zurechtfinden. Diese Vielfalt ist zwar eine Bereicherung, stellt aber auch eine Herausforderung in Bezug auf Kommunikation, Entscheidungsfindung und Teamdynamik dar. Kulturelle Sensibilität - das Bewusstsein und die Wertschätzung dieser

Unterschiede - ist entscheidend für den erfolgreichen Umgang mit dieser Vielfalt.

Kulturell sensible Führungskräfte sind in der Lage, ihre Kommunikationsstile, Führungsansätze und Geschäftsstrategien an unterschiedliche kulturelle Kontexte anzupassen. Diese Anpassungsfähigkeit stellt sicher, dass sie effektiv mit Teammitgliedern, Kunden und Partnern mit unterschiedlichem kulturellem Hintergrund in Kontakt treten können und so ein Umfeld des gegenseitigen Respekts und Verständnisses fördern. Solche Führungskräfte sind auch in der Lage, kulturelle Vorurteile zu erkennen und zu vermeiden, die zu Missverständnissen oder Konflikten führen könnten. Diese Führungsqualitäten erstrecken sich auch auf die Anerkennung der einzigartigen Beiträge und Perspektiven, die Einzelpersonen mit unterschiedlichem Hintergrund in das Unternehmen einbringen. Führungskräfte, die diese Vielfalt schätzen und nutzen, können Innovation, Kreativität und Problemlösung in ihren Teams fördern, was zu besseren Entscheidungen und Geschäftsergebnissen führt.

In einem globalisierten Geschäftsumfeld gehört zur kulturellen Sensibilität auch das Verständnis des breiteren sozialen und wirtschaftlichen Kontexts, in dem die Menschen agieren. Dazu gehört, dass man sich der globalen Probleme und Trends bewusst ist und weiß, wie sie sich auf verschiedene Regionen und Kulturen auswirken. Ein solches Verständnis ermöglicht es Führungskräften, fundiertere, einfühlsamere und verantwortungsvollere Entscheidungen zu treffen, die die globalen Auswirkungen ihres Handelns berücksichtigen.

Globale Führung erfordert ein hohes Maß an kultureller Sensibilität und Anpassungsfähigkeit. Führungskräfte, die in der Lage sind, mit kulturellen Unterschieden respektvoll und verständnisvoll umzugehen, sind besser in der Lage, starke, zusammenhaltende Teams aufzubauen, erfolgreiche internationale Partnerschaften zu schmieden und ihre Organisationen in einer vielfältigen und vernetzten Welt zum Erfolg zu führen.

Die Zukunft der Führung ist durch eine kontinuierliche Entwicklung gekennzeichnet, die auf die sich ständig verändernde Dynamik der globalen Unternehmenslandschaft reagiert. Auf dem Weg durch diese Veränderungen ist es für derzeitige und angehende Führungskräfte wichtig zu verstehen, dass die Rollen und Fähigkeiten, die in der Vergangenheit eine effektive Führung definiert haben, für die Herausforderungen von morgen möglicherweise nicht ausreichen.

Das Tempo des Wandels in der heutigen Geschäftswelt ist beispiellos und wird vor allem durch den technologischen Fortschritt, die Globalisierung und die sich ändernden gesellschaftlichen Erwartungen bestimmt. Infolgedessen entwickeln sich die Führungsaufgaben weiter und erfordern ein breiteres und vielfältigeres Spektrum an Fähigkeiten. Traditionelle Qualitäten wie Entscheidungsfindung, strategisches Denken und Teammanagement sind nach wie vor wichtig, aber sie werden nun durch Fähigkeiten wie digitale Kompetenz, kulturelle Flexibilität und Nachhaltigkeitsbewusstsein ergänzt.

Führungskräfte müssen in der Lage sein, Technologie nicht nur zur Steigerung der betrieblichen Effizienz, sondern auch als strategisches Instrument zur Erzielung von Wettbewerbsvorteilen und zur Förderung von Innovationen einzusetzen. Dies erfordert ein umfassendes Verständnis der neuen Technologien und ihrer potenziellen Auswirkungen auf die Branche und die Geschäftsabläufe.

In dem Maße, in dem Unternehmen ihre globale Reichweite ausbauen, müssen Führungskräfte mit kultureller Flexibilität ausgestattet sein - der Fähigkeit, sich in unterschiedlichen kulturellen Landschaften zurechtzufinden und zu führen. Dazu gehört mehr als nur das Verständnis verschiedener Kulturen; es erfordert die Fähigkeit, den eigenen Führungsstil an unterschiedliche kulturelle Kontexte anzupassen, effektiv über kulturelle Grenzen hinweg zu kommunizieren und vielfältige, weltweit verstreute Teams zu führen.

Nachhaltigkeit und soziale Verantwortung werden auch zu integralen Bestandteilen von Führungsaufgaben. Von Führungskräften wird zunehmend erwartet, dass sie ihre Organisationen nicht nur zu wirtschaftlichem Erfolg, sondern auch zu ökologischer Nachhaltigkeit und sozialer Verantwortung führen. Dieser Wandel verlangt von den Führungskräften, dass sie ethische Überlegungen in ihre Entscheidungsprozesse einbeziehen und mit Blick auf eine langfristige gesellschaftliche Wirkung führen.

Der Wandel in der Arbeitswelt - mit zunehmender Bedeutung von Flexibilität, Work-Life-Balance und Wohlbefinden der Mitarbeiter - erfordert von den Führungskräften eine Anpassung ihres Ansatzes für das Personalmanagement. Führungskräfte müssen ein integratives, unterstützendes Arbeitsumfeld schaffen, in dem sich die Mitarbeiter wertgeschätzt und engagiert fühlen.

Um in diesem sich schnell verändernden Umfeld relevant zu bleiben, müssen sich Führungskräfte zu ständigem Lernen und persönlicher Weiterentwicklung verpflichten. Sie müssen über Branchentrends, technologische Fortschritte und Veränderungen auf den globalen Märkten informiert bleiben. Netzwerke, Mentorenschaft und berufliche Entwicklungsmöglichkeiten können wertvolle Einblicke und Lernerfahrungen bieten.

Sich auf die Zukunft der Führung vorzubereiten bedeutet, die ständige Weiterentwicklung von Rollen und Fähigkeiten anzunehmen. Dazu gehören die Bereitschaft zu lebenslangem Lernen, Offenheit für Veränderungen und die Fähigkeit, mit Agilität und Anpassungsfähigkeit zu führen. Führungskräfte, die diese Veränderungen erfolgreich bewältigen können, sind gut positioniert, um ihre Unternehmen durch die Komplexität der modernen Geschäftswelt zu führen.

Zum Abschluss von "Führen mit Resilienz: Mastering the Art of Adaptive Leadership in the Modern World" ist es von entscheidender Bedeutung, die Erkenntnisse und Lehren aus dem Buch in umsetzbare Strategien für Ihr Berufsleben zu verwandeln. Dieser Aufruf zum Handeln richtet sich sowohl an aktuelle als auch an angehende Führungskräfte - machen Sie sich die Grundsätze der resilienten Führung zu eigen und passen Sie sie an Ihre individuellen Gegebenheiten und Herausforderungen an.

Wenden Sie vor allem das Konzept der Resilienz auf Ihre Führungsarbeit an. Dabei geht es nicht nur darum, Herausforderungen zu ertragen, sondern sie als Chance für Wachstum und Lernen zu nutzen. Stellen Sie sich auf Veränderungen ein, seien Sie flexibel in Ihrer Herangehensweise und bewahren Sie sich eine positive Einstellung, selbst im Angesicht von Widrigkeiten. Denken Sie daran, dass es bei der Resilienz nicht nur darum geht, sich von Rückschlägen zu erholen, sondern auch darum, sie mit Stärke und Zuversicht zu meistern.

Stellen Sie Ihr eigenes Wohlbefinden und das Ihres Teams in den Vordergrund. Erkennen Sie, dass die Gesundheit und das Wohlbefinden Ihres Teams entscheidende Komponenten für den Unternehmenserfolg sind. Schaffen Sie ein Arbeitsumfeld, das die geistige und emotionale Gesundheit schätzt und unterstützt, und gehen Sie mit gutem Beispiel voran, wenn es um Selbstfürsorge und Work-Life-Balance geht.

Halten Sie sich über technologische Fortschritte auf dem Laufenden und integrieren Sie sie mit Bedacht in Ihre Führungspraxis. Nutzen Sie die Technologie nicht nur zur Steigerung der Effizienz, sondern als strategisches Instrument zur Verbesserung der Entscheidungsfindung und Innovation. Halten Sie jedoch ein Gleichgewicht mit dem menschlichen Aspekt der Führung - bewahren Sie Empathie, fördern Sie starke Beziehungen und stellen Sie sicher, dass die technologische Integration mit den Werten und Zielen Ihrer Organisation übereinstimmt.

Kultivieren Sie kulturelle Sensibilität und Anpassungsfähigkeit, insbesondere wenn Sie in einem globalen Kontext tätig sind. Verstehen und respektieren Sie die unterschiedlichen Hintergründe und Perspektiven Ihrer Teammitglieder. Nutzen Sie diese Vielfalt als Stärke, indem Sie unterschiedliche Sichtweisen und Erfahrungen für den gemeinsamen Erfolg des Teams einsetzen.

Engagieren Sie sich für kontinuierliches Lernen und Entwicklung. Die Führungslandschaft entwickelt sich ständig weiter, und um relevant zu bleiben, müssen Sie sich zu lebenslangem Lernen verpflichten. Suchen Sie nach Möglichkeiten zur beruflichen Weiterentwicklung, seien Sie offen für Feedback und verbessern Sie kontinuierlich Ihre Fähigkeiten und Kenntnisse.

Führen Sie eine regelmäßige Selbstreflexion durch. Reflektieren Sie Ihre Führungserfahrungen, bewerten Sie Ihre Stärken und verbesserungswürdigen Bereiche und setzen Sie sich Ziele für Ihre persönliche und berufliche Entwicklung.

Dieses Buch ist nicht nur eine Wissensquelle, sondern auch eine Anleitung zum Handeln. Durch die Anwendung dieser Grundsätze und das ständige Streben nach Verbesserung können Sie mit Widerstandsfähigkeit, Anpassungsfähigkeit und Effektivität führen und Ihre Teams und Organisationen in einer sich ständig verändernden Welt zum Erfolg führen. Denken Sie daran, dass die Reise der Führung ein ständiger Prozess ist, und jeder Schritt, den Sie zur Umsetzung dieser Erkenntnisse unternehmen, wird zu Ihrem Wachstum als Führungskraft beitragen.

Der Weg einer Führungskraft ist ein Weg des ständigen Wachstums, des Lernens und der Anpassung. In der schnelllebigen und sich ständig verändernden Geschäftswelt ist Stillstand keine Option für Führungskräfte, die effektiv sein und einen nachhaltigen Einfluss ausüben wollen. Dieses Buch, "Führen mit Resilienz: Führen mit Resilienz: Die Kunst der adaptiven Führung in der modernen Welt beherrschen" unterstreicht, dass die Entwicklung von Führungskräften ein kontinuierlicher Prozess ist, eine Reise und kein Ziel.

Kontinuierliches Wachstum ist für Führungskräfte unerlässlich, um relevant und effektiv zu bleiben. Die Unternehmenslandschaft entwickelt sich ständig weiter, und es tauchen immer neue

Herausforderungen, Technologien und gesellschaftliche Erwartungen auf. Führungskräfte, die sich zu kontinuierlichem Lernen und persönlicher Entwicklung verpflichten, sind besser für diese Veränderungen gerüstet. Sie können neue Perspektiven und innovative Lösungen in ihr Unternehmen einbringen und so Wachstum und Erfolg fördern.

Anpassungsfähigkeit ist ebenfalls eine Schlüsselkomponente effektiver Führung. Die Fähigkeit, den eigenen Führungsstil und die eigenen Strategien an die sich ändernden Umstände anzupassen, ist von entscheidender Bedeutung. Diese Anpassungsfähigkeit gilt nicht nur für externe Veränderungen, wie Marktveränderungen oder technologische Fortschritte, sondern auch für interne Veränderungen innerhalb des Teams und der Organisation. Führungspersönlichkeiten müssen flexibel und offen für neue Ideen sein und bereit, ihren Ansatz bei Bedarf zu ändern.

Auf dem Weg zur Führungskraft geht es nicht nur darum, sich neue Fähigkeiten oder Kenntnisse anzueignen. Es geht auch um persönliches Wachstum - die Entwicklung emotionaler Intelligenz, die Kultivierung von Widerstandsfähigkeit und den Aufbau starker Beziehungen. Führungskräfte müssen introspektiv sein, ihre Erfahrungen reflektieren, aus ihren Erfolgen und Misserfolgen lernen und ständig danach streben, sich zu verbessern.

Die Entwicklung von Führungskräften ist daher eine nie endende Reise. Sie erfordert das Engagement für lebenslanges Lernen, Offenheit für Veränderungen und die Bereitschaft, sich persönlich und beruflich weiterzuentwickeln. Indem sie sich auf diese Reise einlassen, können Führungskräfte sicherstellen, dass sie effektiv und inspirierend bleiben und in der Lage sind, ihre Teams und Organisationen zu neuen Höchstleistungen zu führen.

Zum Abschluss von "Führen mit Resilienz: Mastering the Art of Adaptive Leadership in the Modern World" (Führen mit Resilienz: Die Kunst der adaptiven Führung in der modernen Welt) abschließen, sollten wir über den Weg der Führung nachdenken, der sowohl mit Herausforderungen als auch mit Chancen gefüllt ist. Allen derzeitigen und angehenden Führungskräften möge dieses Buch als Leuchtfeuer dienen, das Sie mit Resilienz und Wohlbefinden als unerschütterlichen Prinzipien durch die Komplexität der modernen Führung führt.

Nehmen Sie die Herausforderungen, die vor Ihnen liegen, mit Mut und Entschlossenheit an. Der Weg einer Führungskraft ist oft voller Ungewissheiten und Hindernisse, aber genau diese Herausforderungen sind es, die große Führungspersönlichkeiten hervorbringen. Denken Sie daran: Resilienz ist Ihre Rüstung; sie ermöglicht es Ihnen, durch Widrigkeiten zu navigieren, aus ihnen zu lernen und gestärkt daraus hervorzugehen. Lassen Sie Resilienz die Kraft sein, die Sie vorwärts treibt und Ihnen hilft, Hindernisse in Sprungbretter für den Erfolg zu verwandeln.

Stellen Sie Ihr Wohlbefinden und das Ihres Teams in den Vordergrund, denn es ist der Grundstein für eine nachhaltige Führung. Auf dem Weg einer Führungskraft geht es nicht nur darum, Ziele und Meilensteine zu erreichen, sondern auch darum, dies auf eine Art und Weise zu tun, die das Gleichgewicht aufrechterhält, ein positives Umfeld fördert und die Gesundheit und das Glück insgesamt unterstützt. Pflegen Sie eine Kultur, in der das Wohlbefinden geschätzt wird und in der sich jedes Mitglied Ihres Teams unterstützt und befähigt fühlt, sein Potenzial voll auszuschöpfen.

Seien Sie angesichts einer sich rasch entwickelnden Welt ein Leuchtturm der Anpassungsfähigkeit und des ständigen Lernens. Bleiben Sie neugierig, lassen Sie sich auf neue Ideen ein, und bleiben Sie offen für Veränderungen. Ihre Bereitschaft, sich weiterzuentwickeln und sich anzupassen, wird dafür sorgen, dass Sie in einem sich wandelnden Umfeld relevant und effektiv bleiben.

Führen Sie vor allem mit Einfühlungsvermögen, Integrität und einem tiefen Sinn für Ziele. Ihre Aufgabe als Führungskraft besteht nicht nur darin, Ihr Team zum Erfolg zu führen, sondern es auf diesem Weg zu inspirieren und zu fördern. Bei der Führung geht es nicht nur um das, was Sie erreichen, sondern auch um die Wirkung, die Sie erzielen, und das Vermächtnis, das Sie hinterlassen.

Nehmen Sie diese Grundsätze mit auf Ihren weiteren Weg als Führungskraft. Lassen Sie sich von Ihrer Widerstandsfähigkeit und Ihrem Wohlbefinden leiten und gehen Sie jede neue Herausforderung mit Begeisterung und Optimismus an. Die Zukunft liegt in Ihrer Hand, und die Welt wartet auf die einzigartigen Spuren, die Sie als Führungskraft hinterlassen werden. Gehen Sie Ihre Reise mit Leidenschaft und Zuversicht an, denn Sie wissen, dass Sie über die Mittel und Erkenntnisse verfügen, um effektiv zu führen und etwas zu bewirken.

Nachwort

Zum Abschluss von "Führen mit Resilienz: Mastering the Art of Adaptive Leadership in the Modern World" ist es an der Zeit, innezuhalten und über die Reise nachzudenken, die wir auf den Seiten dieses Buches unternommen haben. Auf dieser Reise ging es nicht nur um den Erwerb von Wissen, sondern um eine Erkundung dessen, was es bedeutet, in der heutigen, sich rasch verändernden Welt eine Führungskraft zu sein.

Wir haben uns mit der Komplexität moderner Führung beschäftigt, von der Bedeutung von Belastbarkeit und Wohlbefinden bis hin zu den Auswirkungen des technologischen Fortschritts und globaler Veränderungen. Wir haben die Herausforderungen und Chancen erforscht, mit denen Führungskräfte konfrontiert sind, sowie die Fähigkeiten und Eigenschaften, die notwendig sind, um sie erfolgreich zu meistern. Dieses Buch ist ein Leitfaden, der Führungskräften Einblicke und Strategien bietet, die ihnen helfen, in einer sich ständig verändernden Landschaft zu wachsen, sich anzupassen und erfolgreich zu sein.

Aber die Reise ist hier nicht zu Ende. Führung ist, wie wir gesehen haben, ein ständiger Prozess des Lernens und der Anpassung. Die Welt um uns herum ist in ständigem Wandel begriffen und bietet immer wieder neue Herausforderungen und Chancen. Als Führungskräfte ist es unsere Aufgabe, für diese Veränderungen offen zu sein, sie anzunehmen und aus ihnen zu lernen. Wir müssen neugierig bleiben und stets danach streben, unser Verständnis zu erweitern und uns und unsere Organisationen zu verbessern.

Die in diesem Buch dargelegten Grundsätze und Strategien sind nicht statisch; sie sind Ausgangspunkte für Ihren eigenen Weg der Führung. Nutzen Sie sie als Grundlage, aber bauen Sie darauf mit Ihren eigenen Erfahrungen, Einsichten und Erkenntnissen auf. Suchen Sie proaktiv nach neuen Herausforderungen, erweitern Sie

Ihr Wissen und passen Sie Ihren Führungsstil an die Bedürfnisse Ihres Teams und Ihrer Organisation an.

Denken Sie daran, dass es bei effektiver Führung nicht nur darum geht, andere zu führen, sondern auch darum, sich selbst zu führen. Es geht darum, über sich selbst nachzudenken, sich seiner selbst bewusst zu sein und sich für die eigene Entwicklung einzusetzen. Es geht darum, angesichts von Widrigkeiten belastbar zu sein, sich in andere hineinzuversetzen und ethische Entscheidungen zu treffen. Und vor allem geht es darum, anpassungsfähig zu sein, bereit, den Kurs zu ändern, wenn es nötig ist, und immer in die Zukunft zu blicken.

Behalten Sie auf Ihrem weiteren Weg als Führungskraft diese Grundsätze im Hinterkopf. Nehmen Sie die Herausforderungen an, die auf Sie zukommen, nutzen Sie sie als Gelegenheit zum Wachstum, und seien Sie stets bereit, sich anzupassen und weiterzuentwickeln. Die Zukunft der Führung liegt in Ihren Händen, und sie wird von Ihrer Bereitschaft geprägt, zu lernen, zu wachsen und mit Belastbarkeit und Zielstrebigkeit zu führen.

Ressourcen

Books

- "Becoming a Resilient Leader" by Rita Perea - Explores strategies to develop personal and professional resilience in leadership.

- "Conscious Leadership: Elevating Humanity Through Business" by John Mackey, Steve McIntosh, and Carter Phipps - Discusses how leaders can be more conscious and resilient in their approach.

- "Daring Greatly" by Brené Brown - Focuses on vulnerability and resilience, and how these traits can transform the way we lead.

- "Developing Mental Toughness: Coaching Strategies to Improve Performance, Resilience and Wellbeing" by Peter Clough and Doug Strycharczyk - Provides tools and techniques for enhancing resilience and mental toughness in leadership.

- "Emotional Agility: Get Unstuck, Embrace Change, and Thrive in Work and Life" by Susan David - A guide to managing emotions and thoughts in a way that enhances resilience and leadership effectiveness.

- "Finding Your Resilience" by Monique Valcour - Offers strategies for leaders to build resilience and maintain well-being.

- "Grit: The Power of Passion and Perseverance" by Angela Duckworth - Explores the concept of grit and how it contributes to success and resilience in leadership.

- "Leadership on the Line: Staying Alive Through the Dangers of Leading" by Ronald A. Heifetz and Marty Linsky - Discusses the challenges of leadership and strategies for resilience.

- "Leading with Emotional Courage: How to Have Hard Conversations, Create Accountability, And Inspire Action On Your Most Important Work" by Peter Bregman - Guides leaders on how to build emotional courage and resilience.

- "Mindset: The New Psychology of Success" by Carol S. Dweck - Explores the growth mindset and its significance in fostering resilience in leaders.

- "Option B: Facing Adversity, Building Resilience, and Finding Joy" by Sheryl Sandberg and Adam Grant - A powerful narrative about finding resilience and moving forward after life's inevitable setbacks.

- "Resilience: Hard-Won Wisdom for Living a Better Life" by Eric Greitens - Combines personal narrative and philosophical insights to explore resilience.

- "Rising Strong" by Brené Brown - Focuses on the process of rising from falls and overcoming mistakes, and how this process fosters resilience.

- "The Resilience Factor: 7 Keys to Finding Your Inner Strength and Overcoming Life's Hurdles" by Karen Reivich and Andrew Shatte - Offers strategies to build resilience to face life's challenges.

- "True North: Discover Your Authentic Leadership" by Bill George and Peter Sims - A guide to discovering your own leadership capabilities and building resilience.

Articles

- "What Makes a Leader?" by Daniel Goleman, Harvard Business Review - An exploration of the role of emotional intelligence in effective leadership.

- "How Resilience Works" by Diane Coutu, Harvard Business Review - Discusses the key components of resilience and how it can be cultivated in leaders and organizations.

- "The Neuroscience of Trust" by Paul J. Zak, Harvard Business Review - Explores the impact of trust-building on organizational performance and the biological factors that influence it.

- "The Authenticity Paradox" by Herminia Ibarra, Harvard Business Review - Examines the challenges of remaining authentic while adapting your leadership style to new roles and responsibilities.

- "What VUCA Really Means for You" by Nathan Bennett and G. James Lemoine, Harvard Business Review - A look at the Volatility, Uncertainty, Complexity, and Ambiguity (VUCA) of the business world and how leaders can navigate these challenges.

- "Why Good Leaders Make You Feel Safe" by Simon Sinek, TED Ideas - This article discusses the importance of creating a safe and trusting environment for team members to thrive.

- "Leading Through Crisis" by Roselinde Torres, Boston Consulting Group - Offers insights on effective leadership strategies in times of crisis.

- "Mindfulness, Hope and Compassion: A Leader's Road Map to Resilience" by Jacqueline Carter and Rasmus Hougaard, Harvard Business Review - Discusses how mindfulness, hope, and compassion are critical for resilient leadership.

- "Building Resilience" by Martin E.P. Seligman, Harvard Business Review - Provides strategies for developing psychological resilience in the face of adversity.

- "The Work of Leadership" by Ronald A. Heifetz and Donald L. Laurie, Harvard Business Review - Explores the challenging work of leading organizations through change.

- "Emotional Agility" by Susan David and Christina Congleton, Harvard Business Review - Discusses how emotional agility enables leaders to manage their thoughts and feelings effectively.

- "The Making of a Corporate Athlete" by Jim Loehr and Tony Schwartz, Harvard Business Review - This article emphasizes the importance of managing physical, emotional, mental, and spiritual energy for high performance in leadership.

Podcasts:

- "HBR IdeaCast" - Features prominent thinkers in business and management from Harvard Business Review.

- "The Tim Ferriss Show" - Tim Ferriss interviews top performers from diverse fields to uncover their routines and habits.

- "WorkLife with Adam Grant" - Explores unique workplaces and ideas to make work more meaningful and creative.

- "The Tony Robbins Podcast" - Tony Robbins discusses strategies for personal and professional development.

- "The Leadership Gap" by Lolly Daskal - Explores leadership styles and the gaps that can hold leaders back.

- McKinsey Insights (mckinsey.com/featured-insights) - Offers in-depth articles and research on leadership, organizational effectiveness, and other business topics.

- Leadership Now (leadershipnow.com) - A resource for building leadership skills and understanding leadership principles.

- Inc. Magazine - Leadership (inc.com/leadership) - Features articles, tips, and strategies for effective leadership and business management.

- Leadership Freak (leadershipfreak.blog) - A blog by Dan Rockwell offering daily posts on leadership development and team management.

- Center for Creative Leadership (ccl.org) - Provides leadership development training, research, and practical resources.

- Strategy+Business (strategy-business.com) - Offers articles and insights on business strategy, leadership, and organizational change.

- Michael Hyatt's Blog (michaelhyatt.com/blog) - Shares insights on leadership, productivity, and personal development from a seasoned executive.

- Seth Godin's Blog (seths.blog) - Offers thought-provoking insights on marketing, leadership, and the way ideas spread.

- Simon Sinek (simonsinek.com) - Provides resources and insights from Simon Sinek, a renowned leadership author and motivational speaker.

www.ingramcontent.com/pod-product-compliance
Lightning Source LLC
Chambersburg PA
CBHW070901290526
45795CB00001B/200

- "The GaryVee Audio Experience" - Gary Vaynerchuk shares insights on marketing, business, entrepreneurship, and more.

- "The John Maxwell Leadership Podcast" - Offers practical lessons and tips on various aspects of leadership.

- "Dare to Lead with Brené Brown" - Brené Brown discusses leadership and personal development based on her research.

- "The Go-Giver Podcast" by Bob Burg - Explores how giving can lead to personal and professional success.

- "The Mindful Leader" - Discusses the application of mindfulness in leadership and management.

- "Lead to Win" by Michael Hyatt - Offers insights into achieving success in leadership and life.

- "The Look & Sound of Leadership" by Tom Henschel - Provides tools and tips for leadership development and executive presence.

- "How I Built This with Guy Raz" - Guy Raz speaks with entrepreneurs and innovators about how they built their businesses.

- "The Broad Experience" - Addresses the challenges women face in the workplace and how to overcome them.

- "Coaching for Leaders" by Dave Stachowiak - Features interviews and insights on leadership coaching and development.

- "Leadership and Loyalty" by Dov Baron - Explores what it takes to inspire loyalty and engagement.

- "The Ed Mylett Show" - Features conversations with peak performers to uncover their mindset and success strategies.

- "At the Table with Patrick Lencioni" - Offers insights into leadership, teamwork, and organizational health.

- "The Best Part of My Job" - Explores career journeys and the lessons learned along the way.

- "The School of Greatness" by Lewis Howes - Shares inspiring stories and conversations with brilliant business minds, world-class athletes, and influential celebrities.

Websites

- Harvard Business Review (hbr.org) - A premier site offering a wealth of articles, podcasts, and videos on various aspects of leadership and management.

- MindTools (mindtools.com) - Provides extensive resources and tools for leadership development and personal growth.

- TED Talks (ted.com) - Features inspiring talks from global thought leaders on a range of topics, including leadership and resilience.

- Forbes - Leadership (forbes.com/leadership) - Offers articles and insights on the latest trends and practices in leadership and management.

- Fast Company (fastcompany.com) - A leading publication on business, innovation, and leadership, offering insightful articles and case studies.

- The Leadership Challenge (leadershipchallenge.com) - Provides resources and tools based on the Five Practices of Exemplary Leadership model.